就活のための「四季報」活用法

大事なことはすべて四季報に書いてある！

東洋経済新報社
記者・編集委員 田宮寛之

SANSHUSHA

まえがき

　就活のマニュアル本には、「四季報を見て企業研究をしましょう」などと書いてあることが多いですが、その見方・使い方が具体的に書かれていることはほとんどありません。せっかく「四季報」を購入しても見方・使い方が分からずに宝の持ち腐れになっていることが多いと思います。

　以前、東京大学の大学院を卒業したばかりの人が「就活用に四季報を購入したが、見方がよく分からなかった」と言うのを聞いたことがあります。おそらく日本中の就活生のほとんどは「四季報」を有効に活用できていません。

　就活の基本は企業研究です。企業研究をしなければ「志望動機」や「入社してやりたい仕事」などを面接で話せるわけがありません。もし、企業研究が不十分なまま内定を得たとしても、入社後に企業とのミスマッチに悩むことになります。

　企業内容を把握しないで入社するのですから、想定外のことが続出し、早期退職に至ることもあり得ます。自分に合う企業と出会うには企業研究が重要ですが、企業研究で役立つのが『四季報』なのです。

　就活生は「四季報」というと『就職四季報』を思い浮かべるでしょうが、東洋経済新報社では『会社四季報』『就職四季報』『会社四季報 業界地図』など「四季報」と名前の付く本をいくつも出版しています。

　「四季報」シリーズの中で一番古いのは1936年創刊の『会社四季報』です。私は記者として約30年にわたって「四季報」シリーズに関わってきました。そして、最近ではいろいろな大学で就活生に対して「四季報」シリーズの見方・使い方について講演したり、授業を行ったりしています。

　私はこれまでの経験をもとにこの本を書きました。就活生のために「四季報」シリーズの見方・使い方を解説した本は、これまでほとんど出版されていません。是非、この本を皆さんの企業研究に役立ててください。企業研究こそが内定への道を切り開きます。

東洋経済新報社　記者・編集委員

田宮　寛之

　本書は、2013年刊行の『「四季報」で勝つ就活』を改訂・改題したものです。

CONTENTS

企業研究を深める 68 のポイント

第2章 『就職四季報』編 　　　　71

■ 総合版

女子版

優良・中堅企業版

第3章 『四季報関連本』編 **129**

第4章　その他編　139

この本では、東洋経済新報社が発行する「四季報」とそれに関連した本の見方について解説しています。テーマごとに見開き（2ページ）でまとめてあります。頭から読まなくても構いません。興味を持ったページから読み始めてもいいでしょう。

左ページ上部に表示の★の数はテーマの重要度を表しています。★の数が多いほど重要です。時間のない人は、★が3つのページだけでも読んでください。それだけでも「四季報」の見方がよく分かり、企業研究が深まるはずです。

第1章では『会社四季報』の見方について、2021年6月に発行された『会社四季報2021年3集夏号』をもとに説明しています。見開きの右ページに掲載されている「四季報」誌面は原則として「2021年3集夏号」から引用しました。

第2章では『就職四季報』について解説していますが、『就職四季報』といっても4種類あります。本書では『就職四季報 総合版』、『就職四季報 女子版』、『就職四季報 優良・中堅企業版』『就職四季報 企業研究・インターンシップ版』の順に並んでいます。該当する就職四季報名は左ページ上にあるタブの下で確認してください。

『就職四季報 総合版』と『就職四季報 女子版』については2020年11月に発行された『就職四季報 総合版2022年版』と『就職四季報 女子版2022年版』をもとに説明しています。『就職四季報 優良・中堅企業版』に関しては、2020年11月に発行された『就職四季報 優良・中堅企業版2022年版』をもとに説明しています。「就職四季報 企業研究・インターンシップ版」に関しては、2021年5月に発行された「就職四季報 企業研究・インターンシップ版2023年版」をもとに説明しています。

実際に『就職四季報 総合版』と『就職四季報 女子版』を見ると、1ページに1社を掲載しているパターンと、1ページに2社を掲載しているパターンがあることに気付きます。情報量とレイアウトは若干異なりますが、本書を読めば、どちらのパターンも読みこなすことができます。

第3章では、『会社四季報 プロ500』『会社四季報 業界地図』『会社四季報 未上場会社版』といった四季報関連本の使い方を解説しています。東洋経済では、四季報と名の付く本を多数出版しており、これらは全て就活に役立ちます。

第4章には、「四季報」などの本を活用しない企業研究の方法を紹介しています。キャリアセンターやハローワークの活用法や、ブラック企業の見つけ方について解説しました。

この９カ所だけは必ずチェックしよう！（『会社四季報』）

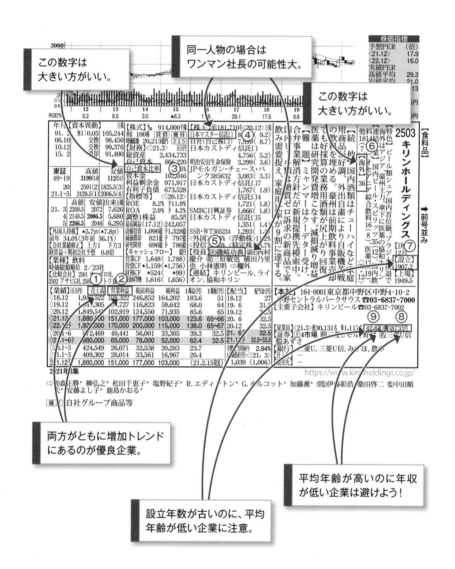

この数字は大きい方がいい。

同一人物の場合はワンマン社長の可能性大。

この数字は大きい方がいい。

両方がともに増加トレンドにあるのが優良企業。

設立年数が古いのに、平均年齢が低い企業に注意。

平均年齢が高いのに年収が低い企業は避けよう！

10

この9カ所だけは必ずチェックしよう！（『就職四季報 総合版』）

① 30%を超えないように。

② 実際に休んだ日数。

③ 残業時間と手当はどの程度か？

④ 年数が長ければ居心地のよい会社。

⑤ 会社の方向性と戦略が分かる。

⑥ 自分の大学はあるか？

⑦ 採用職種の内訳。

⑧ 自分は求められている人材か？

⑨ 筆記試験の種類をチェック。

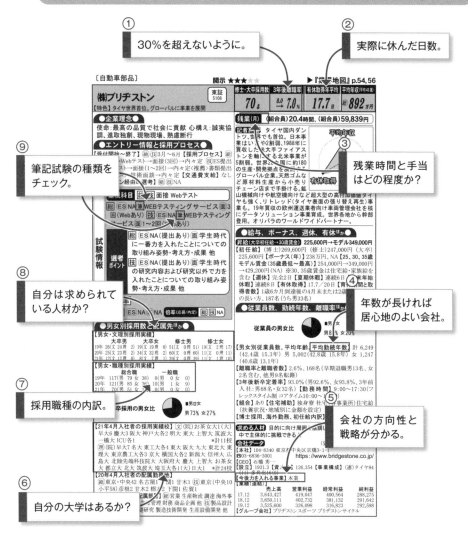

詳しくは、企業研究を深める68のポイントを見ていこう！

第1章

『会社四季報』編

『会社四季報』は就活生の武器！

■ 企業のHPには載っていない企業情報の宝庫

上場企業の情報を満載した企業情報誌

　就活生の皆さんは、『会社四季報』を知っていますか？ 『会社四季報』とは、日本の全ての上場企業の財務データ、業績予想、事業の状況から、最新トピックまでをコンパクトにまとめた企業情報誌です。株式会社東洋経済新報社（以下、東洋経済）が年に4回（3、6、9、12月）発行していることから「四季報」と呼ばれています。約170人の記者が分担して上場企業約3,800社に取材し、約100人のデータ担当者が企業の財務データを収集・整理して作成しています。

　私も『会社四季報』制作の時期には企業取材をして記事を書き、業績を予想しています。『会社四季報』は東洋経済にとって重要な媒体ですので、徹夜して執筆することもあります。

　『会社四季報』の創刊は1936年（国内では二・二六事件があった年）。**85年も続いているロングセラー情報誌です。**長ければ良いというものではありませんが、長いということは多くの人たちに信頼されてきた証です。

企業のマイナス情報もしっかり載せる

　最近の学生は何か調べるときに、ネットに頼ることが多いと思います。企業のHPを見ることで企業研究はできますが、それだけでは十分ではありません。HPには企業がPRしたい情報は掲載されていますが、**都合の悪い情報はほとんど載っていません。**つまり、HPだけではその企業のリアルな姿は、見えてこないのです。

　また、マイナビやリクナビなどの就活サイトからも企業情報を見ることができますが、これも不十分です。就活サイトにも掲載企業について悪い情報はあまり掲載されていません。

　ところが、**『会社四季報』には企業にとって書かれたくないような記事や情報も多数掲載されています。**東洋経済は、取材対象の企業から掲載料などのお金をもらっていません。**掲載企業に対しては中立的な立場にいます。**東洋経済は掲載企業に気兼ねすることなく、読者にとって役立つ情報を提供することを第一に考えているのです。

『会社四季報』は 85 年も続く中立的な企業情報誌

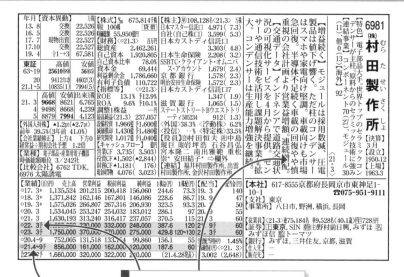

企業の HP には載っていないような
記事・情報も満載。

上場企業約 3,800 社を約 170 人の記者が取材。

ポイント

● 『会社四季報』は企業の PR 誌ではない。記者が取材して客観的な情報を
掲載している。

● 企業研究をするのに企業の HP を見るだけでは不十分。

売上高、営業利益ともに増加傾向が良い企業

■ 本業で稼いだ利益が重要だ

【業績】の数字の読み方

　業績を調べるためには【業績】をチェックします。業績の中で特に重要なのが売上高と営業利益です。ここでは2021年6月発売の『会社四季報』の中からエービーシー・マートのページを例にとって説明します。

　「連 21.2　220,267」とは、「連結の2021年2月期の売上高が2202億6700万円だった」という意味です。単位が100万円なので下2ケタを隠すと、億円単位となり見やすくなります。**連結というのは子会社や孫会社も含むグループ企業全体という意味です。**2020年の3月から2021年2月までの1年間のグループ全体の売上高が2202億6700万円だったということを示します。

　「連 22.2 予　259,700」とは、「東洋経済がエービーシー・マートの2022年2月期の売上高を2597億円と予想している」という意味です。

増加トレンドは売上高だけで判断しない

　売上高の右隣が営業利益です。利益にも営業利益、経常利益、純利益といろいろありますが、**営業利益が最も重要です。営業利益とは本業によって儲けた利益**だからです。自動車会社なら自動車を売って得た利益、衣料品会社ならば衣料品を売って得た利益です。土地売却など本業以外で得た利益は入っていません。

　売上高から売上原価と販売管理費を引いたものが営業利益です。自動車の場合ならば、部品代や工場労働者の給料などが売上原価です。広告宣伝費や本社の人件費、配送費などが販売管理費となります。

　売上高と営業利益がともに増加トレンドにある企業が良い企業と言えます。売上高が伸びていても、売上原価を抑えることができなかったり、販売管理費を使いすぎたりして営業利益が減少しているのは良い企業とは言えません。

　2008年9月のリーマンショックや2011年3月の東日本大震災、2019年に発生した新型コロナウイルス感染症など、予想できない経済危機や自然災害に遭遇したときに業績が悪化するのはやむを得ません。しかし、トレンドとして売上高と営業利益の両方が増加しているのが望ましい姿です。

利益の中では、営業利益が最も重要

『会社四季報』のここを見よう！

【資本異動】	【株式】	【株主】	【材料欄】	【特色】【業績事業】	コード
	【財務】	【役員】		【業績欄】【連結事業】	社
【特集】	【CF】	【連結】			名
【業績】四季報予想会社予想		【配当】	【本社】【従業員】【銀行】		

連結の2021年2月期の売上高が2202億6700万円という意味。

東洋経済による業績予想。

【業績】(百万円)	売上高	営業利益	経常利益	純利益	1株益(円)	1株配(円)	【配当
連17. 2	238,95	47,360	42,860	28,365	343.7	120	19.
連18. 2	254,283	43,286	44,501	29,714	360.0	130	19.
連19. 2	266,703	43,929	45,133	30,285	367.0	170記	20.
連20. 2	272,361	43,374	44,325	29,706	359.9	170	20.
連21. 2	220,267	19,513	21,285	19,226	232.9	170	21. 2	85
連22. 2予	259,700	30,400	31,100	20,900	253.2	170	21. 8予	85
連23. 2予	270,000	38,000	39,000	26,000	315.0	170	22. 2予	85
連20.3~8	102,152	8,538	9,190	5,542	67.2	85	予配当利回り 2.72%
連21.3~8予	123,900	13,300	13,600	8,910	107.9	85	1株純資産(円)<連21. 2>
会22. 2予	259,700	30,400	31,100	20,930	(21.4.14発表)		3,364 (3,279)

本業で儲けた利益。増加しているのが良い。

増加しているのが望ましい。売上高が伸びていても、原価や販売管理費を抑えられずに営業利益が減少していたら注意。

2670：エービーシー・マート

まとめ

営業利益 ＝ 売上高 － （ 売上原価 ＋ 販売管理費 ）

売上原価 ＝ 部品代、工場労働者の人件費など

販売管理費 ＝ 広告宣伝費、本社の人件費、配送費など

ポイント

● 売上高と営業利益がともに増加トレンドにある企業が良い企業。
● 営業利益とは本業で稼いだ利益。
● 営業利益が最も重要な利益。

Point 3　年収だけを見て安心するな！

■ 気になる年収は平均年齢と併せてチェック

年収が高い企業は経営が順調

　年とは平均年収を意味します。基本給以外にボーナスや家族手当などの各種手当て、残業代を含みます。ここから税金が差し引かれるので、手取り額は記載金額より少なくなります。就職するに当たって、仕事の内容ややりがいなどと同様に、収入も重要な要素です。年収が低いと家族を持ったときに生活が苦しくなってしまいます。

　また、**年収が高いということは、企業の利益水準が高いこと、すなわち経営が順調であることを示します。**業界内で見ると、業績の順位と年収の順位は一致することが多いものです。

　年収をチェックするときは、左隣の（　）内に掲載してある平均年齢も同時にチェックしてください。多少年収が低くても、年齢が若ければ仕方ありませんが、年齢が高いのに年収が低いと問題があると言わざるを得ません。

年収は同じ業界内で比較する

　年収は業界ごとに差があります。年収が高いのはコンサルティング、総合商社、製薬、テレビ局、大手不動産などで、反対に年収が低いのは介護、小売り、外食などです。

　しかし、ここで気を付けてほしいのは、**待遇は年収だけでは測れない**ということです。年収が低くても、住み心地がよくて家賃が安い社宅がある、育児・介護休業の期間が長いなど、福利厚生の手厚い企業はあります。

　また、留学制度が整っていたり、資格取得の際に補助金が出たりする企業もあります。特にメーカーはこうした傾向があります。

　一方で、年収はある程度高くても、福利厚生が整っていない企業もあります。福利厚生の分を勘案すると、年収の低い企業の社員の方が恵まれているということもあります。

　福利厚生の内容をチェックするべきですが、会社説明会や面接のときに質問すると会社側からよく思われないことがあります。福利厚生の内容は、『就職四季報』に詳しく書いてありますので、それを参考にしましょう。

年収は『会社四季報』で確認しよう

『会社四季報』のここを見よう！

【資本異動】	【株式】	【株主】	【材料欄】	【特色】	コード
	【財務】	【役員】		【業績欄】	社名
【特集】	【CF】	【連結】		【連結事業】	
【業績】 四季報予想 会社予想		【配当】	【本社】 【従業員】 【銀行】		

平均年収
年収が高ければ経営が順調。業界ごとに差があるので注意。

平均年齢
年収が低くても年齢が若いならばいいが、年齢が高くて年収が低いのは問題あり。

【本社】617-8555京都府長岡京市東神足1-10-1　☎075-951-9111
【支社】東京
【事業所】八日市, 野洲, 横浜, 長岡

【従業員】〈21.3〉連75,184名 単9,528名(40.1歳)年728万円
【証券】上東京, SIN 醤(主)野村(副)日興, みずほ 名
みずほ信 監トーマツ
【銀行】みずほ, 三井住友, 京都, 滋賀
【仕入先】―
【販売先】―

6981：村田製作所

ポイント

●年収が高いのは経営が順調な証拠。年収は業界ごとに差がある。
●年収を比較するときは同業他社同士でしよう。
●年収が低くても福利厚生が整っている企業はある。

Point 4

有望な企業かどうかは海外売上比率で判断しよう

■ 【海外】とは海外店舗数や拠点の数ではない

【海外】とは海外売上比率のこと

　【海外】とは何を意味すると思いますか？　海外にある店舗数、または拠点数だと想像する就活生が多いようですが、そうではありません。

　『会社四季報』で【海外】というのは、**海外売上比率のことです。会社の全売上高のうち、海外での売上高がどの程度なのかを示します。**

　簡単に言うと、この【海外】が大きい方が有望な企業です。日本は少子高齢化が進んでいるため、今後経済が大きく成長することは難しいのです。国内だけに依存して事業を行っている企業は成長できません。

　ちなみに、総務省の統計と国立社会保障・人口問題研究所の推計によりますと、2021年現在で日本の人口は1億2547万人ですが、2053年には9924万人となります。これからどんどん人口は減少していくのです。しかも2053年には65歳以上が全人口の38％に達します。（2021年は32％）。

海外で売上を伸ばす企業が成長する

　海外では人口が急増しています。国連の統計によりますと、1999年に世界人口は初めて60億人を突破しましたが、2020年には約78億人に達しました。そして、2050年には97億人を超えると予測されています。**これから世界人口は、毎年6,500万人も増加していくのです。**

　日本企業が勝ち残るためには、海外でモノやサービスの売り上げを伸ばすしかありません。

　現在、海外売上比率が高い業種は自動車、自動車部品、機械メーカーなどです。ただ、海外売上比率の低い企業イコール衰退企業というわけではありません。これから海外売上比率が上昇していく可能性もあります。

　今後はスーパー、コンビニ、専門店といった小売業や外食産業など、これまで国内に依存してきた業界の海外進出が増えていくでしょう。スーパーや外食は学生の間で人気のある業界ではありませんが、大きな可能性を秘めているのです。

【海外】＝海外売上高÷全売上高

『会社四季報』のここを見よう！

【資本異動】	【株式】	【株主】	【材料欄】	【特色】【連結事業】	コード 社名
【特集】	【財務】 【CF】	【役員】 【連結】			
【業績】 四季報予想 会社予想		【配当】		【本社】 【従業員】 【銀行】	

7267
ホンダ

（登記社名　本田技研工業）

【特色】４輪世界７位で北米が収益源。２輪は世界首位。環境対応を強化。40年までに脱エンジン目標

【連結事業】二輪14（13）、四輪65（1）、金融サービス19（14）、ライフクリエーション他2（▲3）

【海外】
21.3
86

【決算】
３月
【設立】
1948.9
【上場】
1957.12

海外売上比率
全売上高のうち海外での売上高がどのくらいか分かる。

この数値が高い企業、高くなりそうな企業を選べば、成長が見込める。

7267：ホンダ

✎ ポイント

●日本の少子高齢化は猛スピードで進んでいる。
●日本企業が成長するためには、海外向けにモノやサービスの販売を伸ばす必要がある。

借金の多い会社を見わけておこう！

■ 自己資本比率がマイナスの会社は倒産の危機も

自己資本比率が低い会社は危険

　会社の健全性、つまりつぶれにくい会社かどうかをチェックするのに「**自己資本比率**」が重要な指標となります。

　**自己資本比率が高いほど借金に依存していない会社ということを意味します。で
すから、原則的には自己資本比率は高い方がいいのです。**

　大学の経営学部で使用する経営分析の教科書には「自己資本比率は50％以上あ
ることが望ましい」と書いてあることがありますが、絶対的な基準はありません。業
界ごとにバラつきがあるので、同業他社と比較して自己資本比率が高いか低いかを
判断してください。例えば、銀行、証券、損保といった金融は自己資本比率が低く、
製薬、テレビ局が高いといった傾向があります。異業種間で比較してもあまり意味
はありません。同業他社と比較しましょう。

　自己資本比率がマイナス（会社四季報では▲で表示）となっているのは極めて危
険な状況です。こうした状況は「債務超過」と言います。**債務超過になると株式上
場廃止になるだけでなく、倒産することもあります。**

有利子負債と利益剰余金もチェックしよう

　次にチェックすべきは有利子負債です。有利子負債とは主に金融機関からの借金
のことです。簡単に言えば**利子をつけて返さなければならない負債のことです。**たい
ていの企業はある程度の有利子負債を抱えています。事業を拡大するには多額のお
カネを借りなければならないこともあります。

　しかし、有利子負債があまりに大きいと収益を圧迫します。金利負担は固定的に
発生するので、経営が順調なときは問題ありませんが、ひとたび業績が低迷すると
会社にとって大きな負担になります。**有利子負債の額が売上高を超えるような場合
は要注意です。**

　利益剰余金とは過去の利益の蓄積です。業績が好調な企業は、毎年の利益から
一定の金額を積み上げています。利益剰余金の欄に▲が付いているということは過
去の利益の蓄積がないということになるので、財務状況は極めて厳しいということに
なります。

【財務】を見れば会社の安全度が分かる

『会社四季報』のここを見よう！

【資本異動】	【株式】	【株主】			コード	
	【財務】	【役員】	【材料欄】	【業績欄】		社
【特集】	【CF】	【連結】		【連結事業】	【特色】	名
【業績】 四季報予想 会社予想		【配当】	【本社】 【従業員】 【銀行】			

高い方がいい。同業他
社と比較しよう。

過去の利益の蓄積。
▲が付いていたら注意。

利子付きの負債のこと。
売上高を超えていたら
要注意。

```
【株式】⁴/₃₀ 1,811,428千株
単位 100株  貸借  優待
時価総額 60,737億円  2 2 5
【財務】〈◇21.3〉    百万円
総資産      21,921,030
自己資本     9,082,306
自己資本比率      41.4%
資本金        86,067
利益剰余金    8,901,266
有利子負債    7,720,985
【指標等】      〈◇21.3〉
ROE      7.7%  予6.5%
ROA      3.0%  予2.7%
調整1株益         ―円
最高純益(18.3) 1,059,337
設備投資 3,212億 予3,200億
減価償却 3,658億 予3,700億
研究開発 7,800億 予8,400億
【キャッシュフロー】   億円
営業CF 10,723( 9,794)
投資CF▲7,968(▲6,194)
財務CF▲2,839( ▲874)
現金同等物27,580(26,723)
```

7267：ホンダ

ポイント

●借金は経営を圧迫することがある。

●自己資本比率が、高ければ高いほど借金に依存していないことを示す。

設立が古いのに
平均年齢が低い会社に注意

■ 早期退職が多い会社かどうかチェック

新人がすぐ辞める会社の平均年齢は低い

【設立】には、文字通り会社が設立された年と月が記載されています。**設立年が古いのに平均年齢が低い企業は要注意です。**

　会社の創業時には、社長は若いことが多いものです。起業するエネルギーは、若いときに旺盛だからでしょう。創業者の部下となる社員は、社長と同年代か年下、もちろん経験豊かな年上社員がいたとしても、その人数は多くありません。となると、設立から年数のたたない企業の平均年齢は低い、というのが普通です。そんな会社も設立から時がたてば、若かった創業社長も年を取り、その部下も同様に年を取っていきます。新卒を採用していても、設立から年数がたてば、社員の平均年齢が上昇していくことが予想できます。

　しかし、設立年数の割に社員の平均年齢が低い企業があります。考えられる理由は2つあります。**まず1つは社員の定着率が低いことです。**新卒を採用してもすぐに辞めてしまうため、補充としてまた若い人を採用するので、いつまでも平均年齢が低いということがあり得ます。若い社員が早めに辞めてしまう理由が気になります。何か問題があると考えるべきでしょう。

平均年齢が低い理由は、OB・OGに質問して確認しよう

　もう1つは、**古くからの社員もある程度残っているが、企業が成長しているので毎年多くの若い人を採用している。その結果、平均年齢が低い**ということが考えられます。こうした理由ならば平均年齢が低いことは歓迎すべきことです。

　設立年数の割に社員の平均年齢が低い理由について知りたい場合は、OB・OGに質問して確認しましょう。または、『会社四季報』のデータをもとに会社説明会で質問するのもいいでしょう。データをもとに質問するというのは、きちんと企業研究をしている証明にもなります。

　その他、大学のキャリアセンターへ相談することをお勧めします。キャリアセンターは企業に関する情報を持っているので、大量採用・大量退職の会社なのかどうか、そしてその理由は何かなどについて教えてくれます。

定着率の高い企業を探そう

『会社四季報』のここを見よう！

【資本異動】	【株式】	【株主】		コード	
	【財務】	【役員】	【材料欄】	【業績欄】 【連結事業】	社名
【特集】	【CF】	【連結】			Ⓐ
【業績】 四季報予想 会社予想		【配当】	【本社】 【従業員】 【銀行】	Ⓑ	

Ⓐ

7267 ホンダ
（登記社名　本田技研工業）

【特色】4輪世界7位で北米が収益源。2輪は世界首位。環境対応を強化。40年までに脱エンジン目標

【連結事業】二輪14（13）、四輪65（1）、金融サービス19（14）、ライフクリエーション他2（▲3）〈海外・3〉86ス

【決算】3月

【設立】1948.9

【上場】1957.12

> 設立年数が古いのに平均年齢が低かったら注意！

Ⓑ

【本社】107-8556東京都港区南青山2-1-1
☎03-3423-1111
【工場】埼玉, 浜松, 鈴鹿, 熊本, 栃木

【従業員】<20.3>連218,674名 単25,579名(45.5歳)年816万円
【証券】上東京, NY 幹三菱Uモル, 野村, 日興, みずほ 名三菱U信 監あずさ
【銀行】三菱U, みずほ, 三井住友, 埼玉りそな
【仕入先】―
【販売先】―

7267：ホンダ

ポイント
●設立年が古いのに平均年齢が低いときは2つのことが考えられる。
●設立年と平均年齢を見れば、定着状況を想像することができる。

Point 7 危ない会社を一発で見わける方法とは？

■ コメント記事内の「疑義注記」や「重要事象」、巻末の「企業の継続性にリスクがある会社一覧」に注目しよう

「継続企業の前提に疑義注記」とあるのはレッドカードの会社

　『会社四季報』のコメント記事中に「**継続疑義注記**」とあれば、その企業には要注意です。一言で言えば**倒産危機にある会社**です。経営者が決算書類の中で「今後、会社が事業を継続するのが難しくなる可能性がある」と言っているのです。

　継続企業の前提に疑義が生じる原因はさまざまです。売上高の著しい減少や赤字継続、営業キャッシュフロー（CF）[*1]のマイナスの継続、債務超過[*2]といった財務問題や不祥事によるブランドイメージの悪化という場合があります。

　また、似た表現ですが「**継続企業の前提に重要事象**」と書かれてある場合も要注意です。継続の前提に疑義が生じていて、その状況を解消・改善するための努力をしていれば、「継続企業の前提に関する重要事象」があると記載されます。努力をしていても危ない会社であることは間違いありません。

　『会社四季報』に「**継続企業の前提に疑義注記**」と書いてある会社はレッドカードの会社で「**継続企業の前提に重要事象**」と書いてある会社はイエローカードの会社といったところです。

「企業の継続性にリスクがある会社一覧」に掲載された企業は避けよう

　『会社四季報』では、「継続企業の前提に疑義注記」または「継続企業の前提に重要事象」と書かれた企業を巻末の「企業の継続性にリスクがある会社一覧」に掲載しています。**倒産危機のある会社の一覧表**です。

　この中に大手有名企業は多くありませんが、よく見ると名前の知られた企業もあります。東日本大震災の後には、一時期、東京電力が掲載されていました。

　ここに載ったからといって、必ず倒産するわけではありません。優秀な経営者がやって来て経営を建て直すことはあり得ますし、新製品の開発で業績急回復ということもあり得ます。しかし、現時点において危険な会社であることは事実です。この一覧表に載った企業は避けた方が無難でしょう。

倒産の危機がある会社をチェック

『会社四季報』のここを見よう！

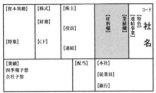

【資本異動】	【株式】	【株主】		コード
	【財務】	【役員】	【業績欄】	社
【特集】	【CF】	【連結】	【材料欄】	名
【業績】四季報予想会社予想		【配当】	【本社】【従業員】【銀行】

外食チェーン

（低　迷）不採算のカフェ事業売却。和食店は低価格帯の新メニューが受け入れられ伸長。ステーキ新店5店（前期ゼロ）が目標だが、出店・販促負担が利益圧迫。

〈混　乱〉業績予想は新株予約権の行使で資金調達実現が前提。過去に不適切な会計処理の疑いあり、第三者委員会設置で調査開始。食中毒事件の責任をとり役員報酬5割削減。　**連続営業赤字で継続疑義注記**

> 倒産の危機にある会社。
> すでにレッドカードだ。

紳士服チェーン

〈均衡圏〉22年2月期は新店ゼロ（前期3）。既存不動産賃借料減少。減損特別損失計上す。営業均衡圏。赤字店閉鎖で人件費、北海道子会社の株式譲渡等で15店減。単価横ばい。広告宣伝費削減も奏功し客拡大図る。

〈店　舗〉カジュアル新店は当面予定なし。帽子やインテリアなどの雑貨店は好立地あれば出店検討。スーツ下取り実施で新規顧客拡大図る。　**継続企業の前提に重要事象**

> 倒産の危機がありイエローカード。

■巻末にある「企業の継続性」にリスクがある会社一覧

独自調査　「企業の継続性」にリスクがある会社一覧

（原則2021年5月末時点。東京、名古屋、福岡、札幌、JASDAQの市場の該当銘柄（REIT、外国株は除く）

　銘柄を選定する際には、破綻リスクの大小を見極める必要がある。業績不振や財務・資金的な問題などから企業の継続性（＝ゴーイングコンサーン）に不透明さがある場合、その企業は「継続企業の前提に関する重要事象等」「継続企業の前提に関する注記」として決算短信などに

リスク情報を記載するルールになっている。四季報では、記事欄で前者に該当する企業を「（継続前提）に重要事象」、注記もある企業は「（同）継続注記」という表現で触れている。このうち、「継続注記」企業のほうが深刻度はより高い。以下が今号での該当企業一覧。

継続企業の前提に疑義の注記がある会社 57 社

コード	社 名	上場市場	コード	社 名	上場市場	コード	社 名	上場市場	コード	社 名	上場市場
1711	省電舎HLD	東証2	3070	アマガサ	JQG	6085	アーキテクゾSJ	東証マ	8107	キムラタン	東証1
1757	中小企業HLD	東証2	3133	海帆	JQS	6195	ホープ	東マ、東G	8143	ラピーヌ	東証2
2134	燃キャピタルM	JQS	3234	G-オイスター	東証2	6416	桂川電機	JQS	8186	大塚家具	JQS
2191	テラ	JQS	3237	イントランス	東証1	6444	サンデンHLD	東証1	8299	フレンドリー	東証2
2321	ソフトフロント	JQG	3346	21LADY	名証セ	6501	ハナツアーJP	東証マ	8783	GFA	JQG
2338	ビットワンG	東証マ	3350	メタプラネット	JQS	6736	ダブルスコープ	東証1	9127	玉井商船	東証2
2402	アマナ	東証マ	3667	enish	東証1	6628	オンキヨーHE	JQS	9176	佐渡汽船	JQS

> つまり、経営危機にある会社が
> すぐに分かる。

＊1）営業キャッシュフロー（CF）：Point14、15を参照。

＊2）債務超過：Point5を参照。

🖍 ポイント

● 「疑義注記」と書かれている企業はレッドカード会社。

● 「重要事象」と書かれている企業はイエローカード会社。

● 「企業の継続性にリスクがある会社一覧」は倒産危機にある会社の一覧表。

Point
8

筆頭株主 = 社長の場合は
その人がその企業の最高実力者

■ 有名企業ならば社長のメディアでの発言や著書をチェック

ワンマン社長だからこそ企業が成長することも

　【役員】を見ると会長または社長以下、役員の氏名が掲載されています。役員というのは実際に会社を運営する責任者であり、一般の社員とは立場が違います。社長は役員のトップであり大きな権限を持っています。会社運営の最終的な決定は社長が行います。

　【株主】*の一番上に載っている企業または人を筆頭株主と言います。その企業の株を最もたくさん持っています。**社長と筆頭株主が同一人物である場合は、その人がその企業の最高実力者であり、ワンマン社長である可能性が高くなります。**

　ワンマン社長というと世間では悪いイメージがあります。自分勝手に行動する、社員のことを顧みない、といったことを想像する人が多いのではないでしょうか。実際にワンマン社長が暴走した結果、会社がボロボロになってしまったという例もあります。

　しかし、**ワンマン社長が悪いと決まっているわけではありません。**特に創業社長である場合は会社に対する責任感が強いですし、リーダーシップや行動力に優れていることが多いです。また、社長に権限が集中しているので企業の意志決定が迅速です。社内のコンセンサスを気にしているうちに、ビジネスチャンスを逃すということが起きにくいのです。

ワンマン社長と自分の相性を考えよう

　社長=筆頭株主と言えば、ソフトバンクグループの孫正義さんやサイバーエージェントの藤田晋さんなどがいます。**ワンマン社長がいたからこそ成長した企業の例です。**

　ただ、ワンマン社長は個性の強い人が多いのです。その社長の人柄や経営姿勢を好きになれるならば、働いていて楽しいでしょうが、そうでない場合は、居心地が悪いでしょう。自分の嫌いなタイプの人が会社の中で一番権力を持ち、あらゆることを指示するとしたら、憂鬱な気分になってしまうでしょう。

　有名企業のワンマン社長はマスコミによく登場します。新聞や雑誌、テレビなどを通じて社長をチェックしましょう。成功しているワンマン経営者は著書を出していることも多いので、著書を読んで社長がどんな人物かチェックしてください。

社長についても研究しておこう

『会社四季報』のここを見よう！

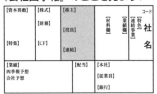

【資本異動】	【株式】	【株主】	【材料欄】	コード	社
	【財務】	【役員】	特色・連結事業		
【特集】	【CF】	【連結】	業績欄		名
【業績】四季報予想会社予想		【配当】	【本社】【従業員】【銀行】		

【株主】⊕14,350名〈21.3〉　　万株
藤　田　晋　　　2,463(19.4)
日本マスター信託口　1,239(9.8)
日本カストディ信託口　731(5.7)
ノーザン・トラスト(AVFC)ノ
　ントリーティー　432(3.4)
バンク・オブ・ニューヨーク・
　メロン140051　295(2.3)
SSBTCクライアント　270(2.1)
JPモルガン・チェース・バ
　ンク385635　217(1.7)
RBC・ISB・DUBノンレジデ
　ントT・UCITS　202(1.6)
日本カスト銀信託口5　180(1.4)
BNYM・AS・AGT・CLTS10
　パーセント　175(1.3)
〈外国〉16.9%〈浮動株〉4.1%
〈投信〉13.2%〈特定株〉50.7%
【役員】(社)藤田晋 (副社)日高裕
介 (常)中山豪 (取)中村恒一*
高岡浩三* ⇨欄外
【連結】Cygames, サムザ
ップ, Craft Egg

> 社長＝筆頭株主の場合は、社長がどんな人物かチェックしよう。

4751：サイバーエージェント

＊**株主**：株主とは会社の持ち主であることを意味する。詳しくは Point17 を参照。

ポイント

●社長と筆頭株主が同一人物の場合はワンマン社長の可能性が高い。
●どんな人物なのかチェックして、自分との相性を考えよう。

会社の大きさを測る指標とは？

■ 売上高で業界内の順位を決めることが多い

売上高をまずチェック

多くの学生が大手企業に入社したいと言います。では「大手」とは何をもって大手と言うのでしょうか。

会社の規模を測る指標はいろいろあります。**まず挙げられる指標は売上高です。**業界内の順位を表すときは売上高を基準とすることが多いです。売上高は『会社四季報』の【業績】の売上高を見れば一目瞭然です。

売上高とは、販売単価 × 販売数量です。この**販売数量で企業規模を表し、業界内の順位を決めること**もあります。例えば、自動車では販売台数、住宅メーカーでは販売戸数で規模を表すことがあります。また、ビール業界の順位争いがよく話題になりますが、ビールはケース数で各社の数量を比較しています（大瓶 20 本を1ケースに換算）。

その他、小売業や外食業の場合は店舗数が企業規模を表すと同時に、重要な指標と言えます。小売業・外食業の売上高は1店1店の売上高の合計なのですから、店舗数が重要なのは言うまでもありません。

また、コンビニエンスストアや食品スーパー、レストランチェーンなどは店舗数が増えた方が、仕入れや広告宣伝が効率化できるといったメリットがあります。小売業や外食業を調べるときには店舗数を必ずチェックしてください。

従業員数が多ければいいというものではない

就活生が次に思い浮かべるのは従業員数でしょうか。『会社四季報』では【従業員】に従業員数を掲載しています。ここで言う従業員数とはパートなどを含まない正社員のことです。単独ベースと連結ベース*の従業員数が分かります。

人数が多ければ、多いほど大企業ということになりますが、多くの人手が必要な業界とそうでない業界があります。**違う業界の企業と比べるのは無意味です。**

会社の規模を考えるときは、先述の売上高や Point10 で述べる総資産、時価総額などの数値も押さえて、総合的に判断しましょう。

規模が大きいことによるメリットはありますが、大きければいいというものではありません。効率が重要です。この効率については Point12、13 で解説します。

「売上高」や【従業員】で企業規模が分かる

『会社四季報』のここを見よう！

		【資本異動】	【株式】	【株主】			コード	
			【財務】	【役員】	【材料欄】	【業績欄】【連結事業】(特色)	社	
		【特集】	【CF】	【連結】			名	
		【業績】 四季報予想 会社予想	**B**	【配当】	【本社】 【従業員】 【銀行】	**A**		

> 1社のみと連結ベースでの従業員数が分かる。

A

【本社】107-8556東京都港区南青山2-1-1　☎03-3423-1111
【工場】埼玉, 浜松, 鈴鹿, 熊本, 栃木

【従業員】<20.3>連218,674名 単25,379名 (45.5歳) 年816万円
【証券】上東京, NY 幹三菱Uモル, 野村, 日興, みずほ 名三菱U信 監あずさ
【銀行】三菱U, みずほ, 三井住友, 埼玉りそな
【仕入先】 ―
【販売先】 ―

> 業界内の順位を決める目安にもなっている。

B

【業績】(百万円)	売上高	営業利益	税前利益	純利益	1株益(円)	1株(円)	【配当】	配当金(円)
◇17. 3	13,999,200	740,711	1,006,986	616,569	342.1	92	20. 3	28
◇18. 3	15,361,146	833,558	1,114,973	1,059,337	590.8	100	20. 6	11
◇19. 3	15,888,617	726,370	979,375	610,316	346.0	111	20. 9	19
◇20. 3	14,931,009	633,637	789,918	455,746	260.1	112	20.12	26
◇21. 3	13,170,519	746,054	914,053	657,425	380.8	110	21. 3	54
◇22. 3予	15,200,000	660,000	870,000	590,000	341.2	110	21. 9予	55
◇23. 3予	15,800,000	830,000	980,000	680,000	393.3	110~112	22. 3予	55
◇20.4~9	5,775,144	169,265	272,284	160,051	92.7	30	予想配当利回り	3.28%
◇21.4~9予	7,000,000	290,000	390,000	260,000	150.4	55	1株純資産(円)<◇21. 3>	
会22. 3予	15,200,000	660,000	870,000	590,000	(21.5.14発表)		5,260	(4,640)

> 7267：ホンダ

＊単独・連結：単独とは1社のみ、連結とは子会社や孫会社を含めたグループ企業全体のこと。

ポイント

- ●会社の大きさを測る指標として、売上高、販売数量、従業員数がある。
- ●大きいことによるメリットはあるが、規模が大きければ必ずしもいいとは限らない。

Point 10 会社の大きさを測る4つの指標に注目しよう

■ 売上高、従業員数、総資産、時価総額から総合判断する

総資産には借金で買った資産も含まれる

　会社の規模は総資産でも把握し、他社と比較することができます。総資産は【財務】の1番上に表示してあります。

　総資産とは、簡単に言ってしまえば会社が持っている財産の全てということです。会社の本社ビル、工場、土地、機械設備、現金、預金、仕入れた原材料、製品などの総額です。ここで気を付けなければならないのが、**総資産には借金で買った資産も含まれる**ということです。一般家庭において、**住宅ローンで買った家が資産とされるのと同じこと**です。

　総資産が大きいことイコール良いことと思うかもしれませんが、そうではありません。借金をもとにして総資産が大きいのだとしたら、その返済や利子の支払いによって会社の業績が圧迫される可能性があります。

時価総額とは、その会社を買い占める場合に必要な金額

　次に注目は時価総額です。「売上高」、「従業員数」、「総資産」という言葉は聞いたことがあるでしょうし、その意味を推測するのも簡単だろうと思います。しかし、時価総額なんて初めて聞いた、という就活生が多いことでしょう。

　時価総額とは、会社の価値を表す指標で、株価×発行済株式数で計算されます。その会社を買い占める場合に必要な金額です。株価が高いということはその企業の先行きが有望であることを示し、株価が低いということは先行きに希望が持てないことを意味します。ですから、**時価総額が大きいということは株式市場が企業価値を高く評価しているということになります。**

　『会社四季報』では「時価総額」を掲載しています。時価総額で企業を比較するというのも重要です。総資産や売上高が大きくても時価総額も大きいとは限りません。総資産や売上高が小さくても、将来性が評価されて株価が高く、時価総額が大きいということはあり得ます。

　会社の規模については売上高、従業員数、総資産、時価総額の4つの視点から検証してください。(Point 9 を参照)

「総資産」や「時価総額」で企業規模が分かる

『会社四季報』のここを見よう！

【資本異動】	【株式】	【株主】			コード
	【財務】	【役員】	【材料欄】	【特色】【連結事業】【業績編】	社名
【特集】	【CF】	【連結】			
【業績】四季報予想会社予想		【配当】	【本社】【従業員】【銀行】		

```
【株式】4/30 1,811,428千株
単位 100株  貸借  優待
時価総額 60,737億円  2 2 5
【財務】〈◇21.3〉    百万円
総資産    21,921,030
自己資本   9,082,306
自己資本比率   41.4%
資本金     86,067
利益剰余金  8,901,266
有利子負債  7,720,985
【指標等】   〈◇21.3〉
ROE   7.7% 予6.5%
ROA   3.0% 予2.7%
調整1株益      ―円
最高純益(18.3)1,059,337
設備投資 3,212億 予3,200億
減価償却 3,658億 予3,700億
研究開発 7,800億 予8,400億
【キャッシュフロー】  億円
営業CF 10,723( 9,794)
投資CF ▲7,968(▲6,194)
財務CF ▲2,839( ▲874)
現金同等物27,580(26,723)
```

> その会社を買い占めるとしたら必要な額。
> ここが大きければ、株式市場が企業価値を高く評価しているということ。

> 会社が持っている財産の全て。
> 借金で買った資産も含まれるので注意！

7267：ホンダ

ポイント

● 総資産には借金で買った資産も含まれる。

● 時価総額が大きいということは、株式市場が企業価値を高く評価しているということ。

Point
11

「会社の業績予想」は
うのみにできないことを知ろう

■ 「四季報予想」の読み方

同じ決算期の業績予想が2つある

　右ページの村田製作所の【業績】を見ると、「◎ 22.3 予」とあります（◎は米国式会計ルールで連結決算書類を作成したことを表わします）。そしてもっと下を見ると「会 22.3 予」と書いてあります。「22.3」が2つあるのは紛らわしいので、ここで説明しておきましょう。

　企業は業績の結果だけでなく次期の予想も発表しています。この予想数字が「会 22.3 予」の箇所に書かれています。しかし、会社は会社にとって都合のよい数字を予想数字として発表することが珍しくありません。

　業績の低迷が続いている企業は予想数字を高めに発表しがちですし、業績好調が続く会社は目立つことを恐れてわざと低めの数字を発表することがあります。**会社の予想数字をうのみにはできません。**

　「◎ 22.3 予」には東洋経済が取材をもとに、独自に予想した数字が載っています。東洋経済の予想数字と会社の予想数字は一致しないことが多いのですが、東洋経済の予想数字は、客観的な数字と言えます。

『会社四季報』は企業の PR 誌ではない

　東洋経済では、全上場企業 3,800 社に対して約 170 人の記者が取材をしています。記者はそれぞれ担当の業界を持って、日頃から企業を取材しています。さらに、『会社四季報』執筆の前には業績動向について取材します。企業にお金をもらって書いているわけではありません。**取材対象の会社の側に立つのではなく、読者の側に立ってコメント記事を書き、業績を予想しています。**

　個別企業の状況だけでなく、同業他社の状況や業界動向、経済全体の動きまでを勘案して業績を予想します。会社が発表した予想数字に合理性が認められれば、会社予想と同じ数字を「◎ 22.3 予」にも掲載しますが、**会社の予想数字に合理性が認められなければ、東洋経済の独自予想数字を掲載します。**

　右ページのように、会社が「今期は営業利益が 3,200 億円になる」と発表したとしても、記者が 3,300 億円程度だろうと判断すれば、【業績】に 3,300 億円という数字を入れます。

2つの予想数字を比較しよう

『会社四季報』のここを見よう！

【資本異動】	【株式】	【株主】			コード	
	【財務】	【役員】	【材料欄】	【業績欄】	【特色】【連結事業】	社
【特集】	【CF】	【連結】				名
【業績】四季報予想会社予想		【配当】	【本社】【従業員】【銀行】			

> 東洋経済による独自予想。
> 同業他社の状況や業界動向、経済全体の動き
> までも勘案して予想。

【業績】(百万円)	売上高	営業利益	税前利益	純利益	1株益(円)	1株配(円)	【配当】	配当金(円)
◎17. 3*	1,135,524	201,215	200,418	156,060	244.6	73.3	19. 3	140
◎18. 3*	1,371,842	162,146	167,801	146,086	228.6	86.7	19. 9	47
◎19. 3*	1,575,026	266,807	267,316	206,930	323.5	93.3	20. 3	50
◎20. 3	1,534,045	253,247	254,032	183,012	286.1	97	20. 9	55
◎21. 3	1,630,193	313,240	316,417	237,057	370.5	115	21. 3	60
◎22. 3予	1,680,000	330,000	332,000	248,000	387.6	120	21. 9予	60
◎23. 3予	1,750,000	370,000	370,000	275,000	429.8	120~130	22. 3予	60
◎20.4~9	752,005	131,518	133,154	99,860	156.1	55	予想配当利回り	1.45%
◎21.4~9予	856,000	161,000	162,000	120,000	187.6	60	1株純資産(円)〈◎21. 3〉	
会22. 3予	1,660,000	320,000	322,000	240,000	(21.4.28発表)		3,002	(2,648)

> 会社が発表した予想。
> 会社は意図的に業績予想を高くしたり、低くし
> たりすることがある。
> 会社発表数字をうのみにできない。

（6981：村田製作所）

ポイント

- ●業績予想には、会社自ら発表した予想と東洋経済予想の2つがある。
- ●東洋経済は取材して独自に企業の業績を予想する。東洋経済予想の方が中立・客観的な数字。

Point 12 効率よく利益をあげている企業を選ぶ

■ 利益が大きければそれでいいということではない

営業利益率で企業を比較する

　利益が大きければそれでいいということではありません。いかに効率よく利益をあげているかが重要です。そこで、注目してほしいのが営業利益率です。**営業利益÷売上高×100** で算出します。営業利益率そのものは『会社四季報』に掲載されていないので、営業利益と売上高をもとに自分で計算してみてください。

　例えば、売上高が 500 億円で営業利益が 50 億円の企業Aと、売上高が 1,000 億円で営業利益が 50 億円の企業Bがあったとします。営業利益額は同じでも、営業利益率 10％のA社の方が効率的な経営をしていて、営業利益率 5％のB社は無駄の多い経営をしているということになります。仕入価格が高い、光熱費や広告宣伝費などの費用が多すぎるといったことが考えられます。

営業利益率、ROA、従業員1人当たりの営業利益、配当などさまざまな指標で効率をチェックしよう

　また、規模と利益の比較というとROAも参考になります。ROAは「総資産利益率」と呼ばれ、**純利益* ÷ 総資産 ×100** で計算されます。総資産が多い割に利益が大きいか、小さいかを判断することができます。

　さらに、**従業員1人当たりの営業利益額**で効率を判断することもできます。これは従業員の規模と利益の比較ということになります。**営業利益÷従業員数**で計算してください。連結決算の会社の場合は、連結ベースの従業員数で割ってください。

　ただ、業種によってビジネスモデルが違うので、他社と営業利益率やROA、従業員1人当たりの営業利益額を**比較するときは、同業同士でしましょう**。他業種の企業と比較しても、あまり意味はありません。

　そして、【配当】も参考になります。『会社四季報』では1株配（円）と掲載されています。企業は利益の一部を配当金として株主に支払っています。配当金額が大きいということは儲かっているということです。配当金が増加する予定があるということは利益が増加する見込みがあるということです。配当が0円であったり、配当金額を減額したりする企業には注意が必要です。

規模だけでなく効率も重要だ

『会社四季報』のここを見よう！

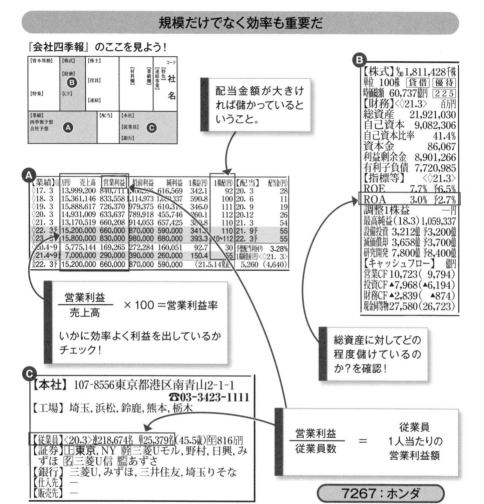

配当金額が大きければ儲かっているということ。

$$\frac{営業利益}{売上高} \times 100 = 営業利益率$$

いかに効率よく利益を出しているかチェック！

総資産に対してどの程度儲けているのか？を確認！

$$\frac{営業利益}{従業員数} = \frac{従業員}{1人当たりの営業利益額}$$

7267：ホンダ

＊**純利益**：純利益については、Point27 を参照。

ポイント

● いかに効率よく利益をあげているかが重要。

● 効率性を表す標指として営業利益率、ROA、従業員1人当たりの営業利益額がある。同業他社で比較しよう。

Point
13

効率経営を行う「強い企業」を選ぼう

■ 総資産回転率、従業員1人当たりの売上高・営業利益を比較しよう

総資産が大きいだけでは意味がない

　企業は効率的に経営が行われていることが重要です。そこで、**総資産回転率を**チェックしましょう。**売上高÷総資産×100** で計算します。利益ではなく売上高に着目した指標です。回転率が大きいほど、少ない資産で大きな売上高をあげていることになり、**資産が効率的に活用されていることを示します。** 総資産が大きい企業イコール大企業ですが、規模が大きいだけでは意味がありません。規模が大きいのに売上高が小さいというのは無駄が多すぎるということです。

　総資産の中には借金も含まれています。借金によって膨らんだ資産をもとに無理に売上げを拡大させたとしても、利子を支払わなくてはならず、結局は大して儲かりません。

従業員1人当たりの数値で企業の強さが分かる

　従業員が多くても、その割に売上高が大きくないのならば、競争力の低い企業と分析できます。そこで、従業員1人当たりの売上高をチェックしましょう。**1人当たりの売上高は、売上高÷従業員数**で計算できます。1人当たりの営業利益額とともに同業他社と比較すると企業研究が深まります。

　大手電子部品メーカーの京セラと村田製作所の効率性を比較してみましょう。

　京セラの2021年3月期売上高は1兆5268億円で営業利益は706億円。従業員は7万8490人。村田製作所の同時期の売上高は1兆6301億円で営業利益は3132億円。従業員は7万5184人です。

　従業員1人当たりの数値を見ると、売上高は京セラの1945万円に対して村田製作所は2168万円。営業利益は京セラの90万円に対して村田製作所は417万円。

　次に効率的に資産が活用されているかを表す総資産回転率を見てみましょう。京セラの総資産は3兆4934億円なので総資産回転率は43.7%。一方、村田製作所の総資産は2兆4622億円なので総資産回転率は66.2%です。

　両社の売上高と従業員数は同水準ですが、経営効率は村田製作所の方が圧倒的に高いことが明白です。

『会社四季報』の数字をもとに効率性を計算

『会社四季報』のここを見よう！

資本異動	株式	株主				コード
特集	財務 **A** [CF]	役員 連結	材料編	業績編	特色 業種	社名
業績 四季報予想 会社予想 **B**		配当	本社 従業員 銀行 **C**			

京セラと村田製作所の経営効率比較
―1人当たり売上高・営業利益、総資産回転率―

	1人当たりの 売上高（万円）	1人当たりの 営業利益（万円）	総資産回転率 （%）
京セラ	1,945	90	43.7
村田製作所	2,168	417	66.2

※ 2021年3月期決算をもとに作成

> 総資産回転率
> ＝売上高÷総資産×100
> 効率的に資産が活用されている
> のかチェック！

> 1人当たりの売上高
> ＝売上高÷従業員数
> 従業員の人数に釣り合った
> 売上高か、経営効率をチェ
> ックする！

A
【株式】%／₃₀　675,814千株
単位　100株　　　　［貸借］
時価総額　55,950億┃
【財務】〈◎21.3〉　百万円
総資産　　2,462,261
自己資本　1,920,805
自己資本比率　78.0%
資本金　　　69,444
利益剰余金　1,786,660
有利子負債　110,722
【指標等】　〈◎21.3〉
ROE　13.1% 予12.9%
ROA　9.6% 予10.1%
調整1株益　　　─円
最高純益(21.3) 237,057
設備投資 1,966億 予1,600億
減価償却 1,430億 予1,480億
研究開発 1,017億 予1,040億
【キャッシュフロー】　億円
営業CF　3,735(3,503)
投資CF▲1,502(▲2,844)
財務CF▲1,181(176)
現金同等物 4,076(3,023)

C
【本社】617-8555京都府長岡京市東神足1-
　　　10-1　　　　　　☎075-951-9111
【支社】東京
【事業所】八日市、野洲、横浜、長岡

【従業員】〈21.3〉連75,184名 ┃9,528名(40.1歳)匬728万円
【証券】上東京, SIN 監(主)野村(副)日興, みずほ 区
みずほ信 監トーマツ
【銀行】みずほ, 三井住友, 京都, 滋賀
【仕入先】─
【販売先】─

B
【業績】(百万円)	売上高	営業利益	税前利益	純利益	1株益(円)	1株配(円)	【配当】	配当金(円)
◎17. 3*	1,135,524	201,215	200,418	156,060	244.6	73.3	19. 3	140
◎18. 3*	1,371,842	162,146	167,801	146,086	228.6	86.7	19. 9	47
◎19. 3*	1,575,026	266,807	267,316	206,930	323.5	93.3	20. 3	50
◎20. 3	1,534,045	253,247	254,032	183,012	286.1	97	20. 9	55
◎21. 3	1,630,193	313,240	316,417	237,057	370.5	115	21. 3	60
◎22. 3予	1,680,000	330,000	332,000	248,000	387.6	60	21.9予	60
◎23. 3予	1,750,000	370,000	370,000	275,000	429.8	120~130	22. 3予	60
◎20.4~9	752,005	131,518	133,154	99,860	156.1	55	予配当回り	1.45%
21.4~9予	856,000	161,000	162,000	120,000	187.6	60	1株純資産(円)〈◎21. 3〉	
◎22. 3予	1,660,000	320,000	322,000	240,000	(21.4.28発表)		3,002	(2,648)

【 6981：村田製作所 】

⬥ ポイント

- ●効率性を表す標指として総資産回転率、従業員1人当たりの売上高がある。
- ●同業他社で比較しよう。

重要度 ★★★

現金の流れを知れば会社が分かる

■ 営業キャッシュフロー（CF）はプラスでなくてはならない

ビジネスの世界では現金が一番重要

　現金（キャッシュ）の流れ（フロー）を示すのがキャッシュフロー（CF）です。会社は仕入れをするために現金を支払い、人件費や光熱費を支払うためにも現金を使います。そして、製品を販売して現金を得ます。手元に入ってくる現金と出ていく現金の流れをチェックすることで、会社の状況を判断することができます。

　例えば、ビジネスの世界では製品を 100 億円で販売した場合、販売と同時に現金を受け取るということはほとんどありません。製品を納入してから数カ月後に現金を受け取るのが普通です。顧客に製品を渡した時点で、帳簿には売上高 100 億円と計上されますが、キャッシュフロー上の収入は 0 円です。

　もし、製品を納入した後、現金をもらう前に納入先が倒産してしまったらどうなるでしょうか。帳簿上は売上高や利益を計上していても現金は 0 円です。そうなると、製品を作るために使用した材料や工賃などの費用を払うことができず、ビジネスが立ちゆかなくなってしまいます。ビジネスの世界では現金が一番重要なのです。

営業CFが赤字の会社は危ない

　CFの中で、まずチェックしたいのが営業CFです。**これは本業でどれだけの現金を得ているかを表します。これがマイナスということは本業が弱くて稼ぐ力がない**ことを表します。営業CFのマイナスが続いている会社は危ない会社です。

　投資CFとは工場の建設や企業買収などによって支払った現金と、保有資産を売却して受け取った現金の差額です。 工場の建設や企業買収など前向きな投資をしていると、出て行く現金の方が多くなり、投資CFは赤字となります。**投資CFが赤字なのは問題ありません。**

　営業CFと投資CFの合計がフリーCFです。『会社四季報』にフリーCF額を掲載していませんが、計算するのは簡単です。本業で稼いだ現金収入（営業CFの黒字）の範囲を超えて設備投資をするとフリーCFは赤字になります。逆に営業CFの黒字の範囲内に設備投資を抑えるとフリーCFは黒字になります。文字通り企業がフリーに使える現金ですから、黒字であることが望ましい状況です。

社内の現金の流れを把握する

『会社四季報』のここを見よう！

【資本異動】	【株式】	【株主】				コード
	【財務】		【材料欄】	【業績欄】	【特色・連結事業】	社
【特集】	【CF】	【役員】				名
		【連結】				
【業績】四季報予想 会社予想		【配当】	【本社】			
			【従業員】			
			【銀行】			

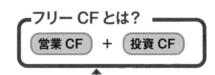

フリー CF とは？

営業 CF ＋ 投資 CF

フリー CF は黒字が望ましい。

【株式】9/30 1,811,428千株
単位 100株 [貸借] [優待]
時価総額 60,737億円 [225]
【財務】〈◇21.3〉 百万円
総資産　　21,921,030
自己資本　 9,082,306
自己資本比率　　41.4%
資本金　　　　 86,067
利益剰余金 8,901,266
有利子負債 7,720,985
【指標等】　　〈◇21.3〉
ROE　　7.7%　予6.5%
ROA　　3.0%　予2.7%
調整1株益　　　─円
最高純益(18.3) 1,059,337
設備投資 3,212億 予3,200億
減価償却 3,658億 予3,700億
研究開発 7,800億 予8,400億
【キャッシュフロー】 億円
営業CF 10,723（ 9,794）
投資CF▲7,968（▲6,194）
財務CF▲2,839（ ▲874）
現金同等物27,580（26,723）

本業でどれだけの現金を得ているか。

この2つを足して＋になれば安心！

ここはマイナス（▲）がいい。

7267：ホンダ

ポイント

●営業CFとフリーCFがプラスの会社はいい会社。
●投資CFのマイナスは将来への投資を積極的に行っていることを示すので、投資CFはマイナスがいい。

Point 15 これがキャッシュフローの ベストパターンだ

■ 危ない会社とその予備軍はこうしてチェックできる

財務CF（キャッシュフロー）はマイナスの方がいい

　財務CF（キャッシュフロー）とは借り入れなどで企業に入ってくるキャッシュ（現金）と、借り入れ返済や配当金支払いで外へ出て行くキャッシュ（現金）の差額です。企業は借金をする一方で、借金の返済も行います。一般家庭において、クレジットで商品を購入しながら、住宅ローンを返済しているのと同じことです。

　借金であっても社内に現金が増えて、借り入れ返済や配当金支払い後におカネが残っていれば財務CFはプラスとなります。逆に借金の額よりも返済の額が大きければ、社内から出て行く金額の方が多いのですから財務CFはマイナスになります。

　企業が儲かっていれば借入金を多く返済し、配当金を多く支払うことができます。そして、借入金の減少は収益に貢献しますし、配当金の増加は株価上昇に寄与します。**財務CFはマイナスの方がいいのです。**

キャッシュフロー（CF）のベストパターンとは？

　営業CFがプラス、投資CFと財務CFがマイナス（▲）であるのがベストパターンです。しかし、場合によっては営業CFがプラス、投資CFがマイナスで財務CFがプラスでも好ましい場合があります。それは会社の成長のために、現金をたくさん借りて（＝財務CFがプラス）、設備投資に充当している場合があるからです。

　設備投資のやり過ぎで会社が倒産するという例がないわけではありません。しかし、成長過程にある若い企業が、無理をしてでも設備投資を行うことが必要な場合もあります。

　CFは分かりにくいかもしれません。そこで、**CFのベストパターンとその次にいいパターンを覚えてしまいましょう。**『会社四季報』を見て、CFがこの2つのパターン以外の企業は危ない会社、もしくはその予備軍だと判断してください。

　現金同等物は企業が手元にいくらキャッシュを持っているかを表します。年がたつにつれて額が増えている方が好ましい企業と言えます。前期の額は右の（　）内に記載されているのでチェックしてください。

キャッシュフロー（CF）のベストパターンを覚えてしまおう

『会社四季報』のここを見よう！

【資本異動】	【株式】	【株主】				コード	
	【財務】	【役員】	【材料欄】	【特色】			社
【特集】	【CF】			【業績欄】	【連結事業】		
		【連結】					名
【業績】		【配当】	【本社】				
四季報予想			【従業員】				
会社予想			【銀行】				

【株式】%／30 1,811,428千株
単位 100株　貸借　優待
時価総額　60,737億円　225
【財務】〈◇21.3〉　百円
総資産　　21,921,030
自己資本　9,082,306
自己資本比率　　41.4%
資本金　　　　86,067
利益剰余金　8,901,266
有利子負債　7,720,935
【指標等】　　〈◇21.3〉
ROE　　7.7%　予6.5%
ROA　　3.0%　予2.7%
調整1株益　　　　一円
最高純益(18.3)1,059,337
設備投資 3,212億 予3,200億
減価償却 3,658億 予3,700億
研究開発 7,800億 予8,400億
【キャッシュフロー】億円
営業CF 10,723（ 9,794）
投資CF ▲7,968（▲6,194）
財務CF ▲2,839（ ▲874）
現金同等物27,580（26,723）

> 投資CFと財務CFは、マイナスの方がいい！

> 現金同等物は手元にキャッシュがいくらあるのかを表す。
> （　）内より増加しているのが望ましい。

キャッシュフロー早分かり表

CFのベストパターン		
営業CF （＋）	投資CF （－）	財務CF （－）

ベストではないが、 評価できるときもあるCFのパターン		
営業CF （＋）	投資CF （－）	財務CF （＋）

7267：ホンダ

ポイント

●財務CFのマイナスは借金を積極的に返済していることや、配当金の支払いが多いことを意味する。財務CFはマイナスの方がいい。
●まずは、CFのベストパターンを覚えてしまおう。

Point 16 その企業の主力事業は何なのか?

■【特色】と【連結事業】で早分かり

【特色】で事業内容をつかもう

　上場している企業だけで3,800社以上もあるのですから、「いったい何をしているのか分からない」といった企業もあるでしょう。そうしたときに役立つのが【特色】です。43字でその会社の事業内容や特徴を簡潔に表しています。ホンダの【特色】を読むと「ホンダは四輪車（自動車）では世界7位のシェアがあり、重要なエリアは北米。二輪車（オートバイ）は世界シェアトップ。環境対応技術の開発に注力している。2040年までにエンジン車廃止を目指している」といったことがわかります。

事業部門ごとの数字で営業利益をつかもう

　そして次に見ていただきたいのが、【特色】の隣の【連結事業】です。企業が連結決算を発表していない場合は【単独事業】*と表記されています。会社は1つの事業だけでなく、いくつかの事業を行っていることが普通です。【連結事業】を見ると、企業がどんな事業を行っているのか分かります。

　ホンダの場合は「二輪14(13)、四輪65 (1)、金融サービス19(14)、ライフクリエーション他2 (▲3)」となっています。これは全売上高のうち14%が二輪車事業、65%が四輪車事業、19%が金融（自動車ローンなど）、2%がライフクリエーション他、ということを示します。ライフクリエーション他とは芝刈機やロボットなどを製造する事業です。

　また、（　）内の数字はそれぞれの事業の営業利益率（営業利益÷売上高×100）を表します。ホンダの主力事業は四輪車ですが、利益はあまり出ていません。二輪車と金融サービスで利益を稼ぐ構造です。また、ライフクリエーション他は赤字です。

　【設立】と【上場】も注目してください。設立は設立された年と月を、上場は上場された年と月を示します。設立を見れば、その企業が老舗なのか、ベンチャー企業なのかということが分かります。**設立から年数がたっていれば、その企業はさまざまな試練を乗り越えてきた企業ということができます。**

　また、上場企業は財務内容や業績が一定の基準を超えていることが義務付けられています。上場年が古いということはそれだけ長い間、基準を上回り続けていることを意味します。**長い期間、上場企業であり続けているのは評価に値します。**

会社の基礎情報を押さえておこう

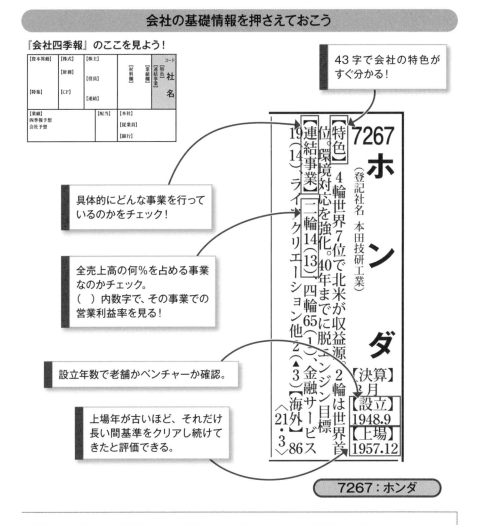

『会社四季報』のここを見よう！

【資本異動】	【株式】	【株主】	【材料欄】	【業績欄】	コード	社
	【財務】	【役員】		【連結事業】		名
【特集】	【CF】	【連結】				
【業績】 四季報予想 会社予想		【配当】	【本社】 【従業員】 【銀行】			

43字で会社の特色が
すぐ分かる！

具体的にどんな事業を行って
いるのかをチェック！

全売上高の何％を占める事業
なのかチェック。
（　）内数字で、その事業での
営業利益率を見る！

設立年数で老舗かベンチャーか確認。

上場年が古いほど、それだけ
長い間基準をクリアし続けて
きたと評価できる。

7267

ホ
ン
ダ
（登記社名　本田技研工業）

【特色】4輪世界7位で北米が収益源。2輪は世界首位。環境対応を強化。40年までに脱ガソリンエンジン目標

【連結事業】二輪14（13）四輪65（1）金融サービス19（14）ライフクリエーション他2（▲3）〈海外〉86〈21・3〉

【決算】3月
【設立】1948.9
【上場】1957.12

7267：ホンダ

＊単独事業：グループ企業を持たない企業は、その企業1社の事業内訳が掲載されている。

ポイント

● 【特色】【連結事業】【単独事業】を見れば会社の収益構造が理解できる。
● 「主力事業は何か？」「どの事業で儲けているのか？」を把握しよう。
● 長期間上場し続けていることは評価に値する。

Point
17　会社は誰のモノか？

■【株主】を見れば親会社や提携関係が一目瞭然

株主とは会社の持ち主である

　株主というのは、会社の持ち主ということです。オーナーという言い方もできます。

　会社を運営していくにはおカネがかかります。そこで、株式会社は株券を発行して、それを人や企業、団体などに買ってもらうことでおカネを集めます。株主というのは、こうしたおカネを出している人や企業、団体のことです。おカネを出しているのですから、会社の経営や役員人事に対して口を出す権利があります。たくさんお金を出した大株主は社長をクビにすることさえできます。

　【株主】には直近の決算期末時点の株主上位10名が、持ち株の多い順に掲載されています。この株主の構成を見れば、この会社がどんな会社なのかよく分かります。

　まず（　）内の数字で表されている持ち株比率が50％を超えている企業があれば、その企業が親会社ということになります。親会社が経営方針を決めたり、親会社が社長をはじめとする役員を送り込んできたりします。

　例えば、トラック大手日野自動車の【株主】を見ると、1番上にトヨタ自動車が記載され、持ち株比率が50.1％となっています。これは日野自動車がトヨタ自動車の子会社であることを意味しています。トヨタの世界戦略という枠内で、日野自動車はトラック生産を担当しているということになります。トヨタの意向を無視した生産・販売をすることはあり得ません。

同族企業では社長・会長名が【株主】にあることも

　提携相手の企業が株主上位に記載されていることもあります。例えば、自動車用マイクロコンピュータで世界首位級のルネサスエレクトロニクスの株主第2位には、自動車部品国内トップのデンソーの社名があります。

　半導体の最先端技術を有するルネサスエレクトロニクスとの取引関係を強化し、共同開発を推進するためにデンソーが出資したのです。

　また、【株主】に社長・会長の名前や同じ名字の人物が並んでいるケースがあります。さらに、社長や会長の名字を冠した企業が記載されていることもあります。こうした企業は同族企業ということになります。一族で役員を固めて、一族の意向が経営に反映されることが少なくありません。

株主構成は会社の重要情報

『会社四季報』のここを見よう！

【資本異動】	【株式】	【株主】			コード
	【財務】	【役員】	【材料欄】	【業績欄】【特色】【連結事業】	社
【特集】	【CF】	【連結】			名
【業績】四季報予想会社予想		【配当】	【本社】【従業員】【銀行】		

> 50％を超えていたら、親会社ということ。

```
【株主】㊍7,254名〈21.3〉　万株
トヨタ自動車　28,789(50.1)
日野マスター信託口　4,681( 8.1)
日本カストディ信託口
　　　　　　　　　2,019( 3.5)
ゴールドマン・サックス(レギュラ
　ー)アカウント　　572( 0.9)
日本カストディ信託口7
　　　　　　　　　　529( 0.9)
東京海上日動火災　488( 0.8)
日本カストディ信託口9
　　　　　　　　　　454( 0.7)
ステートストリートBウエストトリ
　ーティ505234　　438( 0.7)
日清紡HLD　　　　420( 0.7)
デンソー　　　　　409( 0.7)
〈外国〉19.8%〈浮動株〉 2.0%
〈投信〉 9.3%〈特定株〉67.6%
【役員】㊒下義生 ㊑小木曽
聡 ㊒皆川誠 久田一郎 中
根健人 吉田元一* ⇨欄外
【連結】タイ日野製造,インドネ
シア日野販売,東京日野,ソーシン
```

> 7205：日野自動車

```
【株主】㊍50,998名〈20.12〉　万株
㈱ＩＮＣＪ　　55,684(32.1)
デンソー　　　15,314( 8.8)
三菱電機　　　 7,570( 4.3)
日本マスター信託口 7,443( 4.2)
日本カストディ信託口(NE
　C)　　　　　 7,177( 4.1)
日立製作所　　 6,199( 3.5)
トヨタ自動車　 5,001( 2.8)
日本カストディ信託口
　　　　　　　 4,850( 2.8)
GIC・プライベート・リミテ
　ッドC　　　 3,114( 1.7)
ノルウェー政府 1,719( 0.9)
〈外国〉28.0%〈浮動株〉 1.6%
〈投信〉 4.8%〈特定株〉65.8%
【役員】㊒柴田英利 ㊒豊田
哲朗* 岩﨑二郎* S.L.ラ
クロア* A.ミタル* 山本
昇* �常㊒福田和樹 ㊙山﨑裕
義* 関根武* 水野朝子*
【連結】ルネサスセミコンダク
タマニュファクチュアリング
```

> 7205：日野自動車

> 業務提携や取引先企業が載っていることもある。

> 6367：ルネサスエレクトロニクス

ポイント

● 株主とは会社の持ち主であり、経営に関与する権利がある。
● 【株主】に社長・会長の名前や同じ名字の人物が並んでいるのは同族企業。
● 子会社は親会社の経営方針に従う。

Point 18 もしものときに 助けてくれる相手はいるのか？

■【銀行】【証券】【株主】をチェック

資金面から支えてくれるのは【銀行】と【証券】

現在、順風満帆の企業であってもいつ何があるか分かりません。そこで、もしものときに助けてくれる相手がいるかどうかが重要です。

『会社四季報』では【銀行】に取引銀行を掲載しています。ほとんどの企業は銀行から借金をして事業を行っています。急に資金が必要になったときに、頼りになるのはいつも取引をしている銀行です。いざというときに、日頃取引のない銀行はおカネを貸してくれません。

また、経営危機に陥ったときには主要な取引銀行が再建策を作成し支援します。どこの銀行と取引しているかというのは重要な情報です。【銀行】に経営不振の銀行が載っている企業は、危ない企業と言えるでしょう。

【証券】に 幹 として幹事証券会社を掲載しています。**幹事証券会社とは企業が株式を発行するときなどに、企業に代わってその業務を行う証券会社のことです**。株に関連した資金調達の方法はいろいろあります。企業が資金を必要としたときには、その調達方法について幹事証券がアドバイスします。また、株の買い占めによる買収攻勢を受けたときにも、幹事証券は企業をサポートします。

ニコンを支える三菱グループ

次にチェックするのは【株主】です。株主とは会社のオーナーですから、会社に対してさまざまな支援をします。

ここで、精密機器メーカーのニコンを見て見ましょう。【銀行】のトップに三菱 UFJ、4 番目に三菱 UFJ 信託があります。そして、幹 （主）で表記されている主幹事証券会社は証券業界 1 位の野村證券ではなく、三菱 UFJ モルガン・スタンレー証券です。【株主】には三菱系の明治安田生命保険、三菱 UFJ 銀行、三菱重工業などが掲載されています。社名に「三菱」と入っていませんが、ニコンが三菱グループの企業であることがわかります。三菱グループ全体でニコンを支えていく体制が出来上がっています。

特定の企業グループと関係が深いとグループ向けに商品を販売できる、原材料をグループから安定的に調達できるといったメリットがあります。そして経営危機に陥った場合にはグループからの支援を受けることができます。

「ピンチに強い会社」はサポート体制が万全

『会社四季報』のここを見よう！

【資本異動】	【株式】	【株主】			コード
	【財務】		【材料欄】	【特色】	【連結事業】
【特集】	【CF】	【役員】 **B**			社 名
		【連結】		【業績欄】	
【業績】 四季報予想 会社予想		【配当】	【本社】		
			【従業員】 **A**		
			【銀行】		

幹事証券会社とは企業が株式を発行するとき、企業に代わってその業務を行なう証券会社のこと。

A
【本社】108-6290東京都港区港南2-15-3
品川インターシティC棟 ☎03-6433-3600
【工場】大井, 横浜, 相模原, 熊谷, 水戸, 横須賀
【従業員】〈21.3〉連20,448名 単4,183名(43.4歳) 年739万円
【証券】上東京 幹(主)三菱Uモル, 日興 名三菱U信
監トーマツ
【銀行】三菱U, りそな, みずほ, 三菱U信, 三井住友信
【仕入先】―
【販売先】―

もしものときに、サポートしてくれる銀行かどうかチェックしておこう。

B
【株主】単46,230名〈21.3〉　　万株
日本マスター信託口　4,682(12.3)
明治安田生命保険　1,953(5.1)
日本カストディ信託口
　　　　　　　　1,947(5.1)
自社(自己株口)　1,057(2.7)
三菱UFJ銀行　　700(1.8)
常 陽 銀 行　　680(1.7)
日本カストディ信託口7
　　　　　　　　643(1.7)
SSBTC・クライアント・オムニバ
　ス・アカウント　601(1.5)
静 岡 銀 行　　499(1.3)
三菱重工業　　482(1.2)
〈外国〉29.0% 〈浮動株〉7.2%
〈投信〉13.8% 〈特定株〉35.0%
【役員】(取)牛田一雄 (代取)馬立
稔和 小田島匠 (取)德成旨亮
根岸秋男* 村山滋* (取監)萩
原哲 鶴見淳 石原邦夫* 蛭
田史郎* 山神麻子*(6.29予)
【連結】ニコンイメージン
グジャパン, Nikon(米国)

「グループの有力企業がそろっている」
＝「グループ全体で支える体制がある」

7731：ニコン

ポイント

●ピンチのときに頼りになる存在は【銀行】【証券】【株主】。
●掲載の銀行や証券会社が優良企業かどうかチェックしておこう。

Point 19 『会社四季報』のコメント記事を読もう【1】

■〈業績記事〉を読みこなして、業績予想の根拠を押さえておこう

171字に凝縮された企業情報

社名の隣の欄には19字×9行のコメント記事が書かれています。業績予想の根拠や中長期的な企業動向について説明しています。**記者が取材して毎号書き換えています。**小さなスペースに情報を詰め込むので、読みにくいと感じるかもしれませんが、情報が凝縮されているので是非読んでください。読み方のツボを伝授します。

〈業績記事〉の「見出し」で企業の状況が即座に分かる

コメント記事は進行中の決算期、または翌期の業績予想の根拠について書かれた**前半の〈業績記事〉**と、中長期的な企業動向などについて書かれた**後半の〈材料記事〉**にわかれています。

〈業績記事〉には、①売上の状況、②原価やコストの変化、③企業が受け取ったり、支払ったりする利息、④土地など資産の売却で得た利益や損失、⑤配当の増減などについて記述されています。

その会社の業績が前期の実績に対してどう変化するのか、という視点から書かれています。

業績記事で注目は【　】内に記載された見出しです。この見出しだけで、進行中の決算期、または翌期の業績がどうなるのかが分かります。業績がよくなるときは【増益】【最高益】などとなりますし、悪化するときは【減益】【急落】【赤字】などとなっています（見出し語の解説は右ページを参照してください）。

ただ、増益といってもその背景が重要です。新商品がヒットした結果、増益となったのならばその会社を評価できますが、大量に人員を解雇して人件費を削減した結果の増益ならば評価できません。

減益であったとしても、研究開発にコストを使ったために減益となったのならば、将来の成長が期待されるのですから「いい減益」とも言えます。

〈業績記事〉を読むことで、数字からだけでは分からない企業の状況が把握できるのです。

見出し用語の意味をしっかり把握しよう

『会社四季報』のここを見よう！

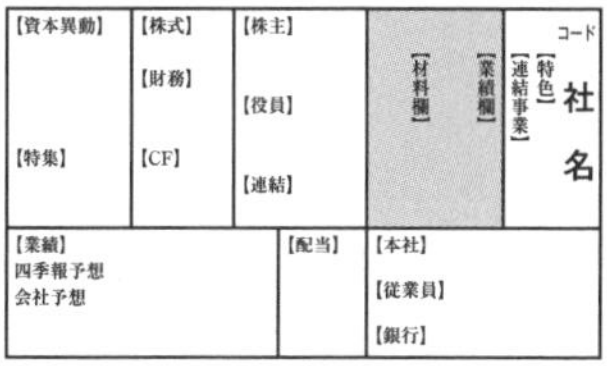

【資本異動】	【株式】	【株主】			コード
	【財務】	【役員】	【材料欄】	【特色】【連結事業】【業績欄】	社名
【特集】	【CF】	【連結】			
【業績】四季報予想会社予想		【配当】	【本社】【従業員】【銀行】		

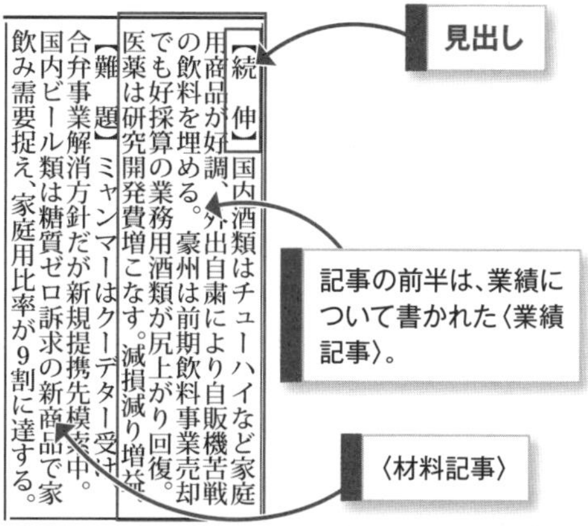

> 見出し

> 記事の前半は、業績について書かれた〈業績記事〉。

> 〈材料記事〉

（縦書き記事本文）

続伸

用商品が好採算。業務用飲料も好調。医薬は研究開発費用増こなす。減損減り増益。での飲料は好調。国内酒類は前期により自粛に外出自粛により販売苦戦。豪州は飲料事業売却で回復。合弁事業解消がミャンマーはクーデター受け新規提携先模索中。国内ビール類は糖質ゼロ訴求の新商品で家飲み需要捉え、家庭用比率が9割に達する。国内酒類はチューハイなど家庭

2503：キリンホールディングス

見出し語リスト

代表的な見出し用語	意味
〈業績がいい場合〉	
「増益」「好調」	前期に比べて営業利益が増える
「最高益」「更新」	利益が過去最高になる 特に断りがない場合は、純利益が最高額になることを意味する
「続伸」	前期が増益で、今期も増益になる
「急伸」「大幅増益」	増益幅が特に大きい
「堅調」「微増益」「強含み」	増益ではあるが、営業利益の増加率は低い
「反転」「回復」	前期は減益だったが、今期は増益になる
「黒字化」「浮上」	前期は赤字だったが、今期は黒字となる
「底入れ」「底打ち」	減益が続いていたが、減益が止まる
〈業績に変化がない場合〉	
「横ばい」	営業利益額が前期とほぼ同額
〈業績が悪い場合〉	
「減益」「低迷」	前期に比べて営業利益が減る
「続落」	前期が減益で、今期も減益になる
「急落」「大幅減益」	減益幅が特に大きい
「軟調」「微減益」「弱含み」	減益ではあるが、営業利益の減少率は低い
「反落」	前期増益だったが、今期は減益となる
「赤字化」「水面下」	前期は黒字だったが、今期は赤字となる

ポイント

●前半の〈業績記事〉を読めば、数字からだけでは分からない企業の状況が把握できる。

●見出しを見るだけでも業績が分かる。

『会社四季報』のコメント記事を読もう【2】

■ 〈材料記事〉で企業の将来性を読む

〈材料記事〉で中長期の業績を予測

　『会社四季報』のコメント記事の後半は〈材料記事〉と呼ばれています。記事欄前半の〈業績記事〉には進行中の決算期、または翌期の業績について書かれています。それに対して〈材料記事〉には、中長期的に企業の業績や経営に影響を与えそうな「材料」について書かれています。具体的には設備投資、研究開発、新製品などです。

ポイントは「研究開発」と「設備投資」

　メーカーにとって技術開発は生命線です。原子力に代わるエネルギーや抗ウィルス関連で新しい技術を開発することができれば、その企業の業績は飛躍的に拡大するでしょう。**研究開発費の増額や研究所建設、そして人材の採用といったことが〈材料記事〉に書いてあれば、その企業の将来は期待できます。また、新技術によって作り出された新製品についても見逃せません。**

　〈材料記事〉の中には、メーカーの場合、いつ、どこに、どんな工場を建設するのか、生産額や投資額などが書かれています。小売業や外食の場合は、新規出店数や店舗形態、改装などについて記載されています。

　営業拠点の拡大は業種を問わず重要です。例えば、海外には中国拠点しかなかったのに、インドにも拠点を置くということになれば、中長期的な売上げ拡大が期待できます。海外だけでなく、国内でも営業拠点の新設は重要な情報です。地方に本社のある企業が東京に拠点を新設するとなれば、全国展開のきっかけになるかもしれません。企業が大きく変わることになります。

　その他、システム投資も重要です。業種を問わずシステムの安定と高速稼働がなければビジネスチャンスを逃してしまいます。

　研究開発と設備投資は将来への種蒔きです。種蒔きをしている企業が就職対象として有望と言えます。

コメント記事の後半に注目

『会社四季報』のここを見よう！

【資本異動】	【株式】	【株主】	【材料欄】	【特色】	コード
	【財務】	【役員】		【業績事業】	社
【特集】	【CF】	【連結】			名
【業績】		【配当】	【本社】		
四季報予想			【従業員】		
会社予想			【銀行】		

【高水準】学校向けIT特需収束。が、需要旺盛なEV用パワー半導体が高成長。FA関連も回復。コンビニ向けなど食品流通しは原価低減進め赤字脱却。経費反動増こな営業益好伸。株売却特益消える。増配も。

【半導体】パワー半導体の設備投資は前期比倍増の410億円と積極姿勢。今年度末に前工程生産能力が3割増に。ローカル5G免許を取得し東京工場で実証実験開始。

> 後半は、中長期的に企業の業績や経営に影響を与えそうな材料について書いてある〈材料記事〉。

> 生産能力により、将来の業績拡大が期待できる。

6504：富士電機

ポイント

● 〈材料記事〉には中長期的に業績に影響を与えそうな「材料」が書いてある。
● 研究開発や設備投資の内容をチェック！

Point 21

巻頭・巻末ランキングを活用して
ライバルに差をつけろ【1】

■ 巻頭・巻末のランキング表を見逃すな！

就活に役立つ「営業増益率ランキング」

　『会社四季報』というと、個別企業の情報が載っているイメージが強く、巻頭と巻末に各種ランキングが掲載されていることすら知らない人が多いようです。実はこのランキングも就活には参考になるので、是非目を通してください。

　就活で特に役立つのは「営業増益率ランキング」です。営業利益が前期より何％増加するのかを計算し、高い順番にランキングしています。営業増益率は、利益成長を示す基本的な指標です。このランキング表は「業績のよい企業一覧表」と言うこともできます。

　東洋経済では全上場企業を対象に為替想定レートと1円の円高が通期利益に与える影響額を調査し、会社四季報の「想定為替レートから業績を予想」の表に掲載しています。表には円高による影響額が大きい企業から順番に並んでいます。

　表の一番上のトヨタ自動車の場合、2022年3月期の対ドル想定レートは1ドル105円で、想定から1円円高になると営業利益が400億円減少します。

　為替レートの変動は日本企業の業績を大きく左右するので、このページを必ずチェックしておきましょう。また、ドルレートだけでなくユーロレートについても載せています。

採用関連ランキングを掲載することも

　採用関連のランキングを掲載することもあります。具体的には、「内定者数」、「女子内定者数」、「中途採用者数」、「採用予定増加」、「従業員比で採用数の多い会社」、「平均勤続年数」、「初任給」といった項目のランキングです。

　その他、「研究開発費増加率」「設備投資額増加率」などのランキングを掲載することがあります。研究開発や設備投資は将来への投資ですから、研究開発費や設備投資額を増やしている企業は、長期的に業績の向上が期待できる企業と言えます。ここまで紹介したのは定番ランキングですが、タイムリーな話題を基にしたランキングもあります。2021年3集夏号では「コロナ前からの営業増益率ランキング」を掲載しました。巻頭・巻末ランキングを必ずチェックしてください。

多くの就活生が見逃している巻頭・巻末ランキング

巻頭ランキングで成長企業を発見!　02　今期順調で来期も大きく伸びる会社

来期営業増益率ランキング
Ranking

新型コロナウイルスの感染拡大が国内で確認されてから約1年。ウィズコロナ時代の2年目を迎える中、上場企業の21年度見通しに注目が集まっている。

春号では、3月決算会社の場合、来22年3月期(21年度)について業績欄記事の半分のスペースを割いて記述している。そのため、四季報記者は今期の着地だけではなく、来期の展望についても重点的に取材をして予想を立てる。

そこで今通期決算の締めが近い3～5月決算会社を対象に、今期営業増益見通しの会社の中から、来期の営業増益率が高い会社順にランキングを作成した。

感染の収束時期がいつになるか不透明な現状で、足元のコロナ禍において連続増益見通しの会社は、安心感があるといえそうだ。

> 3～5月決算会社で、四季報春号中の今期予想営業利益が10億円以上かつ増益率が、来期にランキングを作成(銀行、生損保は営業利益、IFRS方式で営業利益は税前利益)。決算期変更など、会計基準が異なる会社は除く。最低購入額など3月1日終値で算出。売買不成立の場合は直近成立日の終値を採用。

> トヨタの想定レートは1ドル105円。1円の円高でも営業利益が400億減少する。

ドル

コード	社名	決算期(月)	1円円高の影響額(億円)	今期対ドル想定レート
7203	トヨタ	3	▲400	105
7270	スバル	3	▲96	105
5020	ENEOS	3	▲71	105
6981	村田製	3	▲60	107
7751	キヤノン	12	▲40	105.26
6326	クボタ	12	▲37	105
2914	JT	12 ***	▲33	103
7011	三菱重	3	▲33	110
5019	出光興産	3	▲30	105
6988	日東電	3	▲30	105
7211	三菱自	3	▲29	106
6301	コマツ	3	▲28	105
4005	住友化	3 ***	▲21	105
6902	デンソー	3	▲21	105
1605	INPEX	3	▲20	107.5
6501	日立	3	▲20	105
8058	三菱商	3	▲20	105
6367	ダイキンエ	3	▲17	105
7012	川崎重	3	▲16	105
6305	日立建機	3	▲16	105
6502	東芝	3	▲16	105
6971	京セラ	3 ***	▲16	105
5108	ブリヂスト	12	▲15	103
4188	三菱ケミH	3	▲14	105.9
6201	豊田織	3	▲14	105
8002	丸紅	3	▲13	105
7259	アイシン	3	▲12.9	105
9101	郵船	3 *	▲11.5	105
6594	日電産	3	▲11	105
3402	東レ	3	▲10	105
7202	いすゞ自	3	▲10	105
7733	オリンパス	3	▲10	105
3407	旭化成	3	▲8.5	108
6146	ディスコ	3	▲8	100
6857	アドテスト	3	▲8	105

【特集】各社の想定レートと為替感

コード	社名	決算期(月)	1円円高の影響額(億円)
7013	IHI	3	▲8
4503	アステラス薬	3	▲7
5803	フジクラ	3	▲6～▲7
6752	富士通	3	▲6.8
5333	ガイシ	3	▲6.5
5105	TOYOタ	12	▲6.5
4182	菱ガス化	3	▲6
4183	三井化	3	▲6
4185	JSR	3	▲6
4202	ダイセル	3	▲6
5334	特殊陶	3	▲6
5714	DOWAH	3	▲5
1531	昭和ドキリン	12 ***	▲5
4204	積水化	3	▲5
6807	航空電子	3	▲5
6963	ローム	3	▲5.1
2503	キリンHD	12 ***	▲4.5
4980	デクセリア	3	▲4.2
4062	イビデン	3	▲4
3706	三井金	3	▲4
6473	Jテクト	3	▲4
7276	小糸製	3	▲4
7282	豊田合	3	▲3～▲4
8113	ユニチャム	12	▲3～▲4
8802	菱地所	3	約▲4
6806	ヒロセ電	3	▲3.64
4042	東ソー	3	▲3
4901	富士FHD	3	▲3
6472	NTN	3	▲3
6951	日電子	3	▲2.8
6113	アマダ	3	▲2.7
6856	堀場製	12	▲2.6
2768	双	3 **	▲2.5
3105	日清紡HD	3	▲2.5
6361	荏原	12	▲2.5

2021年3集

順位	コード	社名	決算期	来期営業増益率(%)	来期営業利益(百万円)	今期営業利益(百万円)	今期予想PER(倍)	来期予想PER(倍)	最低購入額(万円)
1	6324	ハーモニックD	連22.3	540.0	6,400	1,392.5	1,000	179.6	80.3
2	7011	三菱重工業	連22.3	220.0	160,000	黒字化	50,000	11.6	31.1
3	6625	JALCOHD	連22.3	166.7	4,000	40.3	1,500	9.1	2.2
4	7259	アイシン精機	連22.3	150.0	250,000	78.2	100,000	7.6	37.4
5	6902	デンソー	連22.3	106.7	310,000	145.6	150,000	21.5	66.0
6	6632	JVCKW	連22.3	104.4	9,200	10.3	4,500	7.0	2.0
7	6999	KOA	連22.3	73.9	4,000	57.0	2,300	39.4	14.9
8	6997	日本ケミコン	連22.3	72.4	5,000	黒字化	2,900	12.0	17.9
9	6516	山洋電気	連22.3	66.7	6,000	245.2	3,600	16.8	58.2
10	6541	グレイステクノ	連22.3	63.6	1,800	15.4	1,100	59.1	54.1
11	8153	モスフード	連22.3	63.6	1,800	3.8	1,100	138.5	31.5
12	2463	RIZAP	連22.3	62.8	3,500	7.5	2,150	17.6	19.5
13	2928	RIZAPG	連22.3	60.0	8,000	黒字化	5,000	48.8	2.5
14	6101	ツガミ	連22.3	57.5	11,500	66.7	7,300	13.0	15.4
15	6954	ファナック	連22.3	54.2	165,000	21.1	107,000	38.7	266.2
16	7229	ユタカ技研	連22.3	50.0	7,500	9.0	5,000	5.6	17.0
17	7735	スクリーンHD	連22.3	47.6	31,000	67.2	21,000	20.0	85.9
18	5019	出光興産	連22.3	47.4	140,000	黒字化	95,000	8.5	28.1
19	6777	santec	連22.3	44.4	1,950	44.2	1,350	13.6	17.1
20	2980	SREHLD	連22.3	42.9	1,500	40.8	1,050	79.8	47.7
21	5020	ENEOSHD	連22.3	40.0	280,000	黒字化	200,000	11.8	4.8
22	2130	メンバーズ	連22.3	38.5	1,800	4.1	1,300	25.7	25.0
23	7282	豊田合成	連22.3	36.8	52,000	112.4	38,000	11.7	28.5
24	7729	東京精密	連22.3	36.4	18,000	7.5	13,200	15.7	48.2

(注)決算期の違いは連結。単位は円、○はSEC、◆はIFRS
2021年2集

ポイント

- ●巻頭と巻末のランキングにも注目。
- ●営業増益率ランキングは利益成長を表すランキング。

重要度 ★ ★ ★

Point 22 巻頭・巻末ランキングを活用してライバルに差をつけろ【2】

■ 会社の予想以上に業績が好調な会社はここだ！

『会社四季報』の予想数字が会社予想数字より大きな場合も

ほとんどの会社は決算を発表するときに、次期の業績予想も発表しています。例えば、2021年3月期の決算が発表されたのは2021年の5月ですが、このときに2022年3月期の業績予想も発表されました。『会社四季報』では【業績】の「会22.3予」と表示された箇所に会社発表の業績予想数字を掲載しています(Point11参照)。

会社は「実際の数字が予想数字に達しないと格好が悪い」「予想数字に達しないと株価に悪影響がある」などの理由からわざと予想数字を低く発表することがあります。

一方で、東洋経済では取材などをもとに業績を独自に予想し、「連22.3予」と表示された箇所に数字を掲載しています。会社に取材するだけでなく、同業他社や取引先にも取材した結果、その会社の業績が会社の発表予想を上回ると判断すれば、『会社四季報』の予想数字を会社予想数字よりも大きくします。**会社の予想数字と東洋経済が予想する数字は異なることが多いのです。**

ライバルよりも早く企業情報を知ろう

『会社四季報』の予想と会社発表予想の「差」に着目しましょう。会社予想よりも四季報予想の数値の方が大きな会社の中から、かい離率*が高い企業を巻頭の「営業利益乖離率ランキング」に載せています。

ここに載っているのは、2022年3月期の決算が会社予想を上回る可能性が高い会社です。世間一般には四季報予想数字よりも会社が予想した数字の方が知れ渡っていますから、世間の評判よりも実態はもっと良い会社と言うことです。『**会社四季報』のコメント記事には、四季報予想が会社予想よりも大きい理由が書いてあります**ので、しっかりと確認しておいてください。

いち早く企業の業績動向を知ることは、就活においてライバル達に差をつけることになります。そして、面接時に業績見通しについてコメントできれば、企業研究に熱心な学生と評価されるでしょう。

巻末ランキングで企業選び

巻頭ランキングで成長企業を発掘！ 02　会社計画は上振れの可能性

今期営業利益乖離率ランキング
Ranking

昨年のこの時期は、初の緊急事態宣言を受けて、3月決算会社の約6割が業績見通しの発表を見送る異例の事態となった。今年も新型コロナウイルスの感染は収まっていないが、1年を通じて影響が見えてきたことから、多くの会社が見通しを発表するようになった。

もっとも会社によっては保守的な予想をするところ、強気の予想を掲げるところなどさまざまだ。四季報記者はこうした事情を考慮して取材を行い、会社予想が保守的な場合は独自に引き上げる。

ランキングは、直近の会社の営業利益予想に対して、「会社四季報」の予想の乖離率が大きい順に並べた。

ランク入りしたのは、後日上方修正する可能性が高い会社といえそうだ。

> 四季報夏号の今期予想営業利益が5億円以上で増益、今回の予想純益が黒字の会社を対象に、会社の今期予想営業利益に対して四季報予想の乖離率が高い順にランキングを作成した。生損保は経常益、IFRS方式で営業利益がない電力・ガスは税前益は除く。最低購入額などは5月15日終値で算出。売買不成立の場合は直近成立日の値を採用。

つまり、実態が評判よりもいい企業が載っている一覧表。

順位	コード	社名	決算期	今期予想営業利益				予想PER(倍)	最低購入額(万円)
				乖離率(%)	四季報予想(百万円)	会社予想(百万円)	予想増益率(%)		
1	1743	コーアツ工業	連21.9	277.5	1,140	302	39.5	4.3	45.8
2	7819	粧美堂	連21.9	175.0	550	200	395.5	22.3	4.3
3	9233	アジア航測	連21.9	97.9	2,800	1,415	35.1	6.3	8.0
4	2788	アップルインタ	連21.12	95.3	500	256	40.1	9.5	2.8
5	5283	高見沢	連21.6	72.2	1,550	900	43.9	4.1	25.1
6	2160	GNIグループ	◇21.12	63.9	2,000	1,220	7.0	91.6	21.3
7	6694	ズーム	連21.12	62.5	1,300	800	72.2	8.3	31.1
8	4933	I－ne	連21.12	56.4	2,580	1,650	70.6	35.6	59.5
9	7681	レオクラン	連21.9	56.3	550	352	169.6	15.8	26.7
10	5699	イボキン	連21.12	56.0	900	577	175.2	7.6	26.4
11	6400	不二精機	連21.12	55.6	700	450	147.3	12.9	6.3
〃	7928	旭化学工業	連21.8	55.6	700	450	644.7	6.2	10.7
13	6030	アドベンチャー	◇21.6	50.7	1,100	730	138.6	64.7	79.5
14	6914	オプテックスG	連21.12	50.0	4,500	3,000	114.5	21.8	19.3
〃	9260	西本WismHD	連21.12	50.0	3,000	2,000	51.4	25.0	27.9
16	6440	JUKI	連21.12	48.4	4,600	3,100	黒字化	7.5	7.7
17	6316	丸山製作所	連21.9	47.4	1,400	950	64.3	8.7	18.1
18	2170	リンク＆モチベ	◇21.12	46.0	2,000	1,370	729.9	52.5	5.6
〃	7514	ヒマラヤ	連21.8	46.0	2,000	1,370	黒字化	9.7	10.2
20	8029	ルックHLD	連21.12	45.5	1,600	1,100	151.6	8.1	14.7
21	3696	セレス	連21.12	45.0	2,900	2,000	93.9	14.1	37.2
22	7446	東北化学薬品	連21.9	41.0	550	390	52.4	8.8	33.8
23	6151	日東工器	連22.3	39.9	3,050	2,180	45.9	17.5	18.7
24	6474	不二越	連21.11	37.5	11,000	8,000	60.6	17.0	41.7

（注）決算期の連は連結、単は単独、○はSEC、◇はIFRS　2021年3集

今期営業利益乖離率ランキング-12

＊かい離率：会社発表の業績予想と会社四季報の業績予想の差。（四季報予想－会社予想）÷会社予想で算出する。

ポイント

- ●会社の業績予想数字よりも会社四季報の予想数字の方が信頼できる。
- ●会社予想よりも四季報予想の数値の方が大きな会社に注目。

Point 23 社長の経営能力を HP から判断する

■ 社長の顔写真掲載の有無はヒントの１つ

社長の能力で企業が生まれ変わることもある

「社長の経営能力を表すデータはないのか?」読者から東洋経済にこんな問い合わせが入ることがあります。

企業において社長の存在は重要です。業績不振の会社が社長交代で優良企業に生まれ変わることがあれば、逆に、社長の判断ミスが企業を衰退に導くこともあります。

それでは、どのように社長の経営能力を調べればいいのでしょうか?

HP上に社長の顔写真のない企業とは?

残念ながら『会社四季報』に社長の能力を評価する項目はありません。これまで、社長の経営能力を掲載しようと試みたことはありますが、客観的な数値として表すのは困難なのです。

社長の能力を判断するにあたって、企業のHPに社長の顔写真が掲載されているか否かが参考になります。企業のHPには、社長のあいさつやプロフィール紹介のページがありますが、そうしたページに社長の顔写真のないことがあります。

HPに社長の顔写真が掲載されているのが当たり前と思われるかもしれません。しかし、いろいろな企業のHPを見てみると、顔写真の掲載のない企業は少なくありません。

こうした企業は重大な問題を抱えている場合があります。社長がその問題を解決する自信がないので、自分の顔写真を掲載していないという可能性があります。**こうした社長の経営能力が高いとは言えません。**

経営がうまくいって業績が向上している企業には新聞、雑誌、テレビなどの取材が集まり、社長も積極的にインタビューに応えています。自ら著書を出す社長も少なくありません。HPに顔写真がないのは、これらと正反対の状況ということになります。

顔写真がないからといって必ず問題会社というわけではありませんし、問題会社でも社長の顔写真を掲載しているケースもあります。しかし、HPに顔写真があるかないかは、社長の能力を判断する材料の１つになります。

企業の HP を見て、社長の顔写真があるかないか確認しよう

社長ご挨拶

　日頃、当社をご愛顧いただきまして、誠にありがとうございます。

　当社は、電気工事会社として 1970 年に設立されましたが、企業内ネットワークの設計や構築、さらにその運用といったサービス分野へ事業を拡大してまいりました。

　振り返って見ますと、設立から現在に至るまで様々な困難がありました。第 1 次石油ショックを始めとして、第 2 次石油ショック、円高不況、バブル崩壊、アジア通貨危機、IＴバブル崩壊、リーマンショックなどによって大きな打撃を被り、倒産の覚悟をしたことさえあります。

　こうした危機的状況を乗り越えることが出来たのは、お客様やお取引先様など関係者の皆様方のご支援の賜物と存じます。

　今後は「SDGs への取り組み」「グローバル化の推進」、「ダイバーシティの徹底」を基本方針とするとともに、DX を推進することで企業価値の創造に努めてまいります。

　これからも、皆様方のご指導・ご鞭撻をよろしくお願い致します。

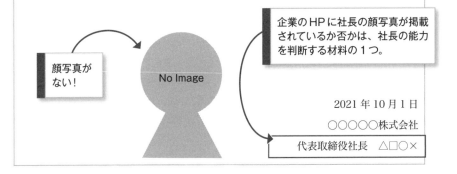

顔写真がない！

No Image

企業の HP に社長の顔写真が掲載されているか否かは、社長の能力を判断する材料の 1 つ。

2021 年 10 月 1 日

○○○○○株式会社

代表取締役社長　△□○×

> **ポイント**
>
> ●会社の公式HPに顔写真を載せていない経営者は、経営能力が高くないことがある。

企業研究したい会社を簡単に探す方法

■ 証券コードはこんな便利！

証券コードは企業の背番号

　『会社四季報』を見ると、社名の上に4ケタの番号が記載されているのに気付くと思います。これは**証券コードと呼ばれるもので、スポーツ選手の背番号のようなものです。**

　証券コードは全国の証券取引所などをメンバーにする「証券コード協議会」が上場企業に与えたものです。証券コードは企業の公の背番号ですから、公の文書などにも使用されています。『会社四季報』の中だけで使われているのではありません。

　『会社四季報』や新聞の株価欄は基本的に証券コード順に掲載されています。証券コードが分かると、ネット上で企業検索するときにも便利です。

　東洋経済では『会社四季報 業界地図』、『会社四季報 プロ500』*など就活に役立つ本を他にも発行していますが、こうした本の中でも企業名とともに証券コードが載っています。こうした本の中で気になる企業を見つけたら、証券コードを活用してすぐに『会社四季報』で詳しく調べることができます。

掲載場所で業種も分かる

　証券コードは原則として、業種ごとに番号がまとまっています。

　例えば、1300番台は水産・農林業、1400〜1900番台は建設業、2000〜2100番台は食料品などとなっています。基本的にコード順に企業を掲載しています。1つの企業のページを開くと、その近くに載っている同業他社と簡単に比較することができます。自分が強く志望する企業の証券コードを覚えてしまえば、企業研究にも便利でしょう。

　また、『会社四季報』では掲載企業がどの業種に所属するのかすぐに分かります。それぞれのページの欄外に業種名が記載されています。業種の分類方法はいろいろありますが、『会社四季報』では東京証券取引所の分類の方法に合わせて、**全上場企業を33業種に分類して掲載しています。**

企業はそれぞれ証券コードを持っている

証券コードは企業の公の背番号。
業種ごとに番号がまとまっている。

【輸送用機器】
7205
日野自動車（ひのじどうしゃ）

【特色】トヨタ傘下のトラック大手。海外はインドネシア最大地盤。トヨタ車の受託製造や部品供給も
連結事業 トラック・バス52、トラック部品7、他23〈海外〉26

【決算】3月
【設立】1942.5
【上場】1949.5

【反発】収益認識基準適用で売上目減り。世界販売15万台（5％増）。東南アジアともに回復顕著。トヨタ車関連も復調。開発費増などを原価改善で相殺。営業益反発。北米の補償損続くが、増配。【電動化】トヨタ、いすゞと合弁会社設立し、中小型トラックの電動化技術など開発。自社エンジンの認証取得できず10月生産停止の北米は、米国社から供給受け10月生産再開。
〈21・3〉

【食料品】
2503
キリンホールディングス

【特色】ビール類シェア国内首位級。ブラジル撤退でアジア・豪州主力。傘下に医薬の協和キリン
連結事業 国内ビール・スピリッツ35（12）、オセアニア綜合飲料16（8）、医薬17（10）、他料1814（9）〈海外〉36

【決算】12月
【設立】1907.2
【上場】1949.5

【続伸】国内酒類はチューハイなど家庭用商品が好調、外出自粛により自販機苦戦。国内ビール類は前期飲料事業売却。豪州は好採算の業務用酒類が尻上がり回復。医薬は研究開発費増こなす。減損減益。【難題】ミャンマーはクーデター受け、合弁事業解消方針だが新規提携先模索中。国内ビール類は糖質ゼロ訴求の新商品で家庭用需要捉え、家庭用比率が9割に達する。
〈20・19〉

＊『会社四季報 業界地図』、『会社四季報 プロ 500』：『会社四季報 業界地図』、『会社四季報 プロ 500』については Point57、58 参照 。

ポイント

●上場企業はコード番号を持っている。このコード番号はスポーツ選手の背番号のようなもの。

●志望企業のコード番号を覚えてしまえば企業研究をするときに便利。

Point 25 株価を企業選びに利用しよう

■ 株価が上昇している企業は就職先としても有望

投資家目線で企業を選ぶ

　借金をして大きなリスクを背負いながら、株を買う投資家は珍しくありません。ですから、【業績】はもちろん、役員人事、新製品開発、工場などの設備投資計画、採用計画、企業内のスキャンダルなど企業のあらゆる面に投資家は目を光らせています。投資家は株価に関係のあることにはとても神経質なのです。

　株価が上昇するということは、神経質な投資家がその企業の将来性を高く評価したということです。ですから、**株価が上昇している企業は、就職先としても有望なことが多いのです。**

　【資本異動】の株価欄には、上場日以来の株価が記載されています。上段には表示期間内の高値と安値が載っていて、（　）内は株価の付いた年、または月を示します。下段は直近3カ月の月間高値と安値です。

志望企業の株価変動に注意

　株価は個別企業の状況だけでなく、経済全体の状況にも左右されます。経済全体が好調にもかかわらず、株価が低迷しているとしたら、その企業は問題を抱えていると見た方がいいでしょう。

　逆に世の中が不況で同業他社の株価が下がっているときに、株価が上昇していればその企業の将来性は高いといえます。

　自分が興味を持っている企業の株価が、過去の高値を上回ったり、安値を下回ったりしたときは注意してください。

　また、株価チャートを見ると株価の動きがよく分かります。株式投資をするときにはチャートの見方を詳しく知らなければなりませんが、就活に関する限りその必要はありません。株価が上昇傾向にあるのか、それとも下降傾向にあるのか、トレンドを確認してください。直近の株価は新聞やHPで簡単に知ることができます。株価を企業選びに利用してください。

株価は企業の内容を反映して動く

『会社四季報』のここを見よう！

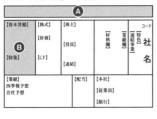

株価が上昇トレンドにある企業は
業績拡大が期待できる。

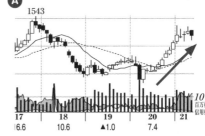

過去の高値と安値が
ひと目で分かる！

7203：トヨタ自動車

6723：
ルネサスエレクトロニクス

📙 ポイント

●将来性のある有望企業の株価は上昇する。

●株価が上昇している企業は就職先として有望であることが多い。

重要度 ★ ★ ★

本社所在地と上場市場で
会社のレベルや方針が分かる

■【証券】と【本社】で早分かり

上場市場で企業のレベルが分かる

　【証券】の上は、企業の株式が上場されている市場を示します。東京とあるのは東京証券取引所市場第一部のことで、東証一部と呼ばれる株式市場です。名古屋とは名証一部を意味します。

　証券取引所とは企業の株を売ったり、買ったりする市場（いちば）です。

　例えば、鮮魚を取引する市場は東京の築地市場が有名で、質が高くて高価な魚が全国から集まって来ますが、その他の場所にも鮮魚の市場はあります。

　株式も同様で東証一部という市場では有名企業の株が取引されますが、他にも株式市場があります。日本には一部市場（東証一部や名証一部）、二部市場（東証二部や名証二部）、新興市場（マザーズ、JASDAQなど）といった株式市場があります（右ページ参照）。

　大まかに言いますと、一部上場企業は規模が大きく、上場のための基準（業績や財務内容など）が厳しくなっています。二部市場は一部市場に比べて上場基準が緩くなり、新興市場はさらに緩くなります。

　上場するときだけ基準を満たしていればよいのではありません。上場後に基準を満たせなくなれば一部から二部へ降格となったり、上場廃止となったりします。ですから、**東証一部と言うだけで規模大きく、内容が優れた企業であることを示すのです。**どの株式市場に上場しているかで、企業のレベルが分かります。

本社所在地で会社の方針が分かる

　【本社】にはその会社の本社所在地と電話番号を掲載しています。武田薬品工業や伊藤忠商事のように関西発祥の企業は、東京と大阪の２本社体制とするところが少なくありません。経済規模は東京の方が圧倒的に大きくても**会社の軸足は大阪に残しているのです。**こうした企業に入社した場合、東京出身で都内の大学を卒業していても関西勤務になることが大いにあり得ます。

　急成長した企業がいきなり都心の一等地に本社を移転したら、業績が悪化したというのはよく聞く話です。一方、コスト削減のために都心から地方へ移転する企業もあります。本社所在地によって企業の方針が分かります。

本社所在地と上場市場に注目しよう

『会社四季報』のここを見よう！

住所と電話番号。
本社2社体制ということも。
本社の所在地によっても企業の
方針が分かる。

【本社】540-8645大阪市中央区道修町4-1-1
☎06-6204-2111
【東京本社】☎03-3278-2111
【工場】大阪, 光
【従業員】〈20.3〉連47,495名　単5,350名(42.2歳)匣1,091万円
【証券】[上]4市場, NY 翻[主]野村[副]日興, 大和 图三
菱U信 鑑あずさ
【銀行】三井住友, 三菱U, みずほ, 三井住友信
【仕入先】—
【販売先】メディパルホールディングス

どの上場市場かによって、
その企業の規模やレベル
が分かる。

4502：武田薬品工業

日本の証券取引所一覧

一部市場

東京証券取引所市場第一部
名古屋証券取引所市場第一部

地方市場

札幌証券取引所
福岡証券取引所

二部市場

東京証券取引所市場第二部
名古屋証券取引所市場第二部

新興市場

マザーズ
JASDAQ　スタンダード
JASDAQ　グロース
セントレックス
アンビシャス
Q-Board

ポイント

●一部上場企業は規模が大きく、上場のための厳しい基準（業績や財務内容
など）をクリアしている。
●基準を満たせなくなれば一部から二部への降格や上場廃止となる。

営業利益以外の利益とは？

■ 経常利益、純利益、1株益とは？

経常利益とは営業利益プラス営業外収支

　Point2 で利益にもいろいろあるが、営業利益が最も重要だと述べました。しかし、就活生から経常利益や純利益について質問されることが多いので、ここでは営業利益以外の利益について解説します。

　営業利益に営業外収支を加えたものが経常利益です。それでは営業外収支とは何でしょうか。

　企業は現金を銀行に預金していますからその利子（受取利息）を会社の利益とすることができます。また他社の株を持っていれば、配当金（受取配当金）を受け取ります。その一方で、借金をしていれば利子（支払利息）を支払わなくてはなりません。受取利息や受取配当金などの合計から支払利息を引いたものが**金融収支**です。

　その他、為替相場の変動によって利益が発生したり、損失が発生したりしますが、これを**為替差損益**と言います。

　企業が保有している有価証券（株など）を売却したときに利益や損失が発生しますが、これを**有価証券売却損益**と言います。金融収支、為替差損益、有価証券売却損益などを合計したものが営業外収支です。

純利益とは最後に手元に残った利益のこと

　経常利益に臨時的な損益である**特別損益**を加えて、税金を引いたものが**純利益**です。当期利益、純益、最終利益などと呼ばれることもあります。営業利益が最も重要ですが、純利益も重要です。何故ならば、純利益とは、**その期の最後に手元に残った利益**だからです。

　それでは特別損益とは何でしょうか？

　工場跡地などを売却して得た利益または損失、工場の機械や店舗設備の廃棄によって生じた損失など、あくまで臨時（特別）に発生した損益を特別損益と言います。

　また、個人が税金を納めているように、企業も企業として税金を納めなければなりません。

　1株益とは純利益を発行済み株式数で割ったものです。株価は1株益をもとに変動します。

利益にもさまざまな種類がある

『会社四季報』のここを見よう！

【資本異動】	【株式】	【株主】				コード	
	【財務】		【材料欄】	【特色】	社	
		【役員】		【連結事業】		
	【CF】			【業績欄】	名	
【特集】		【連結】				
【業績】		【配当】	【本社】			
四季報予想			【従業員】			
会社予想			【銀行】			

用語まとめ

（経常利益）＝（営業利益）＋（営業外収支）

（営業外収支とは？）

金融収支、為替差損益、有価証券売却損益などを合計したもの。

経常利益＋特別損益－税金。
その期の最後に手元に残った
利益。

営業利益＋営業外収支

【業績】(百万円)	売上高	営業利益	経常利益	純利益	1株益(円)	1株配(円)	【配当】	配当金(円)
連17. 2	238,952	41,860	42,860	28,365	343.7	120	19. 2	105
連18. 2	254,283	43,386	44,501	29,714	360.0	130	19. 8	85
連19. 2	266,703	43,929	45,133	30,285	360.7	170記	20. 2	85
連20. 2	272,361	43,374	44,325	29,706	359.9	170	20. 8	85
連21. 2	220,267	19,513	21,283	19,226	232.9	170	21. 2	85
連22. 2予	259,700	30,400	31,100	20,900	253.2	170	21. 8予	85
連23. 2予	270,000	38,000	39,000	26,000	315.0	170	22. 2予	85
連20.3~8	102,152	8,538	9,190	5,542	67.2	85	予想配当利回り	2.72%
連21.3~8予	123,900	13,300	13,600	8,910	107.9	85	1株純資産(円)〈連21. 2〉	
会22. 2予	259,700	30,400	31,100	20,930	(21.4.14発表)		3,364 (3,279)	

2670：エービーシー・マート

◆ **ポイント**

●純利益とはその期の最後に手元に残った利益。

●営業利益の次に重要なのは純利益。

Point 28 『会社四季報』は年4回発行。どの号を読むべきか？

■ それぞれの特徴をつかんで活用しよう

『会社四季報』は3カ月ごとの決算に対応

　『会社四季報』は年4回発売されています。**発売時期は、3、6、9、12月の中旬です。**それぞれ2集春号、3集夏号、4集秋号、1集新春号と呼ばれています。上場企業は四半期ごと（3カ月ごと）に決算発表しますが、『会社四季報』の発売はこれに対応しているのです。『会社四季報』は、3カ月ごとに業績予想を見直し、財務データなどを更新しています。

　学生から「どの号を買えばいいのか？」という質問をよく受けますが、一概にどの号が一番いいとは言えません。各号に特徴がありますので、特徴を知った上で読んでください。

世間の注目度が高いのは「3集夏号」

　日本の上場企業の約70%が3月期決算です。3月期決算の企業は4月1日から翌年の3月31日までを事業年度とします。**上場企業は事業年度が終了すると決算をまとめて公表する義務があります**（企業は決算期末から45日以内に公表することが求められていて、これを45日ルールと呼ぶ）。3月期決算企業の場合は原則として5月中旬までに決算を発表します。

　5月までに発表された決算内容をもとに制作されているのが、6月発売の3集夏号です。通期の決算が発表されたすぐ後の号なので、世間からの注目度が高いです。

　4集秋号（9月発売）は8月中旬までに発表される、4～6月の第1四半期決算の状況を取材して制作します。新年度に入って3カ月も経過すれば、期初に企業が発表した業績予想が達成可能かどうか、ある程度推測することができます。

　1集新春号（12月発売）の制作のためには、11月中旬までに発表された中間決算を取材します。半年経過すると、企業が業績予想を変更する場合があるので要注意です。

　2集春号（3月発売）での注目は次期予想です。3月末で終了する期の業績数字はほぼ固まっているので、東洋経済はその次の期に注目します。記者が執筆のために取材する2月時点では、会社は次期予想をまとめていませんが、記者が当期の状況などを参考にして次期の業績を予想します。

年4回発売の『会社四季報』各号の特徴を押さえよう

9月中旬発売

第1四半期決算を取材して
制作。
新年度入りして3カ月たつ
と、ある程度、通期の業績
を推測することができる。

12月中旬発売

中間決算を取材して制作。
半年経過すると企業の業
績予想変更があり得る。

3月中旬発売

注目は次期の業績予想！
記者が大胆に予想する。

6月中旬発売

世間の注目度の一番高い号！

ポイント

● 『会社四季報』は企業の四半期決算に対応して年4回発行。
● 各号ごとの特徴をつかんで就活に活用しよう。

悩んでいる皆さんへ

　学生と話していると「どんな業界がいいのか、どんな会社がいいのか分からない」という声をよく聞きます。就活ははじめての経験ですから悩むのも無理はありません。

　そこで、業界や企業を絞る前に自分がどんな人生を歩みたいのか、じっくり考えることをお勧めします。友人が総合商社にエントリーするからといって、あなたも総合商社を選ぶ必要はありません。ＩＴ業界が成長業界だからといって、あなたがエントリーする必要はありません。就活を始める前に人生の基本方針を定めて、その方針に合うような企業を選ぶべきです。

　「人生の基本方針」などと言うと、重く感じて答えが出ないかもしれません。しかし、難しい話しではありません。「人生において何を優先するのか」を考えればいいのです。人によって優先事項は大きく異なるでしょう。仕事の内容、収入、休日数、住む場所、家族との時間など様々です。

　多くのモノを得ようとするから志望先が決まらないのです。とりあえず、何か一つ決めて動き出すことが重要です。就活しながら優先事項が変っても構いません。就活中にさまざまな場所へ行き、いろいろな人と出会うことで意識が変化することはあります。そうしたら、新たな基準をもとに志望先を変えれば良いだけの話しです。

　消去法で志望先を絞るという方法もあります。「どんな仕事をしたいか？」と聞かれて答えられなくても、「これだけは無理」というのはすぐ思い浮かぶでしょう。

　例えば、接客業は好き嫌いがはっきり分かれる仕事です。人と話すのが好きだから接客業に就きたいと思う人がいる一方で、初対面の人と話すのが苦手だから接客業は嫌だという人もいます。金融業も好き嫌いが分れます。とにかく金融業界に入りたいという人がいる一方で、絶対に金融業は嫌だという人も少なくありません。

　余計なことを考えず、自分の感情に正直になって下さい。周囲の学生は「モチベーション」、「社会貢献」、「自己実現」などについて言及しながら意識の高い就活をしているかもしれません。しかし、あなたは嫌いな業界や職種を除外して残った仕事の中から選んでもいいのです。

　最悪なのは考えすぎて行動しないことです。「人生の優先事項」や「絶対にやりたくない仕事」を明確にするのは、動き出すためのきっかけ作りです。動き出すことで今まで見えなかったものが見えてきます。その中には進路を決めるためのヒントがたくさんあるはずです。

第2章

『就職四季報』編

『就職四季報 総合版』

『就職四季報』には
就職関連のデータが満載

■ 採用の内訳、採用実績校、離職率、福利厚生制度、就職試験の内容など

『就職四季報』には待遇や福利厚生に関するデータが詰まっている

会社説明会や面接では「残業は多いですか?」「有給休暇は何日ですか?」「家賃の補助はありますか?」といった質問はしない方がいいでしょう。前述のような質問をするとやる気のない学生と思われてしまう可能性があります。質問は仕事の内容や企業の将来に関するものにするべきです。

しかし、待遇や福利厚生について気になる就活生は多いでしょう。そんな質問をしたいときは、『就職四季報』を読むことをお勧めします。『就職四季報』には待遇や福利厚生に関するデータが載っているのです。

『就職四季報』は1983年創刊された、いわば就職情報誌の草分け。採用の内訳、採用実績校、離職率、福利厚生制度、就職試験の内容など、就職関連のデータが満載です。『会社四季報』と同じ記者とデータ担当スタッフが制作し、毎年11月に発売されています。

記者が1社1社を独自取材

企業のパンフレットやHPには都合の悪いことはほとんど書かれていないものです。逆に豊富な有給休暇数、女性社員をサポートする制度の数々など、学生を引き寄せるための文言に満ちていますが、実際、その制度が円滑に利用されているかどうかは分かりません。

『就職四季報』にはそうしたパンフレットやHPに掲載されている宣伝のような情報ではなく、採用に関連したリアルな情報が掲載されています。「3年後離職率」「残業時間数」「有給休暇消化日数」など、**他の就職情報誌では見ることができないデータが満載**です。

『就職四季報』の制作に当たっては、記者が1社1社取材しています。また、データ担当スタッフが財務諸表などの公開資料からだけでなく、各社にアンケートを実施してデータを収集しています。**会社から掲載料は一切もらわずに作成する中立・客観的な就職情報誌なのです。**

『就職四季報』には、総合版、女子版、優良・中堅企業版、企業研究・インターンシップ版の4種類があります。他の出版社から類書は発行されていません。

記者が取材した信頼できる独自情報

〔自動車部品〕 開示 ★★★☆☆ 『業界地図』p.54,56

㈱ブリヂストン 東証 5108

【特色】タイヤ世界首位。グローバルに事業を展開

修士・大卒採用数	3年後離職率	有休取得年平均	平均年収（平均42歳）
70名	8.0→7.0%	17.7日	892万円

残業（月）（組合員）20.4時間、（組合員）59,839円

●企業理念●
使命：最高の品質で社会に貢献 心構え：誠実協調、進取独創、現物現場、熟慮断行

●エントリー情報と採用プロセス●
【受付開始～終了】総技3月～6月【採用プロセス】総 ES提出→Webテスト→面接（3回）→内々定 技ES提出→Webテスト→面接（1～2回）→内々定〈推薦〉書類提出→Webテスト・技術面談→内々定【交通費支給】な…

【インターン経由の選考】総技NA

試験情報	重視科目	総技面接 Webテスト

総ESNA筆WEBテスティングサービス 面3回（Webあり）技WEBテスティングサービス 面1～2回（Webあり）

選考ポイント
総 ES NA（提出あり）面学生時代に一番力を入れたことについての取り組み姿勢・考え方・成果 他
技 ES NA（提出あり）面学生時代の研究内容および研究以外で力を入れたことについての取り組み姿勢・考え方・成果 他

通過率 総 技 ES NA 筆NA 倍率（応募/内定）総技NA

●男女別採用数と配属先ほか●
【男女・文理別採用実績】

	大卒男	大卒女	修士男	修士女
19年	26文 24理 2	19文 19理 0	51文 0理 51	19文 2理 17
20年	25文 23理 2	34文 32理 2	60文 0理 60	11文 0理 11
21年	12文 8理 4	7理 1	39文 0理 39	11文 1理 10

【男女・職種別採用実績】

	総合職	一般職
19年	117（男 79 女 38）	0（男 0 女 0）
20年	121（男 85 女 36）	10（男 1 女 9）
21年	70（男 51 女 19）	0（男 0 女 0）

新卒採用の男女比 ■男■女 男73% 女27%

【21年4月入社者の採用実績校】(院)お茶女 女1（大）早大 慶大3 阪大 神戸大各2 明大 東大 上智大 筑波大 一橋大 ICU各1 *計11校
(理)（院）早大7 名大 東工大各4 東大 九大 東北大 東理大 東京農工大各3 京大 横国大各2 新潟大 信州大 広島大 北陸先端科技院大 大阪府大 慶大 上智大 お茶女大 都立大 北大 筑波大 埼玉大各1（大）日大1 *計24校
【20年4月入社者の配属勤務地】
(総)東京・中央各2 名古屋1 下関1 甘木1 (技)東京(中央10 小平58）彦根2 甘木2 栃木2 下関1 佐賀1 *計14校
【20年4月入社者の配属部署】総営業 生産物流 調達 海外事業管理 人事・労務 生産管理 財務 商品企画 他 技製品設計 開発 材料開発 基礎研究 製造技術開発 生産設備開発 他

●記者評価● タイヤ国内ダントツ、世界でも首位。日本事業はいまや2割弱。1988年に買収した米大手ファイアストンを軸にした北米事業が5割強。世界26カ国に約180の生産・開発拠点を展開するグローバル企業。天然ゴムなど原材料生産から小売りチェーン店まで手掛ける。鉱山機械向けや航空機向けなど超大型の高付加価値タイヤに強く、リトレッド（タイヤ表面の張り替え再生）事業も。19年買収の欧州運送業者向け車両管理会社を核にデータソリューション事業育成。世界各地から幹部登用。オリパラのワールドワイドパートナー。

平均年収（レーダーチャート：平均年収／業績年数／有休取得）

●給与、ボーナス、週休、有休ほか●
昇給（大卒初任給→30歳賃金）225,600円→モデル349,000円
【初任給】（博）269,600円（修）247,000円（大卒）225,600円【ボーナス（年）】238万円、他【25、30、35歳モデル賃金（35歳最低～最高）】254,000円～349,000円→429,200円（NA）※30、35歳賃金は住宅給・家族給を含む【週休】完全2日【夏期休暇】連続5日【年末年始休暇】連続8日【有休取得】17.7/20日【育休期間と取得率】1歳6カ月到達後の4月末または2歳になるまでの長い方、187名（うち男33名

●従業員数、勤続年数、離職率ほか●

従業員の男女比 ■男80% ■女20%

【男女別従業員数、平均年齢、平均勤続年数】計 6,249（42.4歳 15.3年）男 5,002（42.8歳 15.8年）女 1,247（40.6歳 13.1年）
【離職率と離職者数】2.6%、168名（早期退職男13名、女2名含む、他男9名転籍）
【3年後新卒定着率】93.0%（男92.6%、女93.8%、3年前入社：男68名・女32名）【勤務時間】9:00～17:30（フレックスタイム制 コアタイム10:00～15:00）
【組合】あり【住宅補助】独身寮 社宅（各事業所）住宅給（扶養状況・地域別に金額を設定）
【博士採用、海外勤務、初任給内訳】⇒巻末

求める人材 目的に向け周囲と協調し、グローバル競争の中で主体的に挑戦できる人

会社データ （資本金・業績は百万円）
【本社】104-8340 東京都中央区京橋3-1-1
☎03-6836-3001 https://www.bridgestone.co.jp/
【CEO】石橋 秀一
【設立】1931.3【資本金】126,354【事業構成】（連）タイヤ84（11）多角化16（0）
＊（　）内は営業利益の構成比　本業

【業績（連結）】	売上高	営業利益	経常利益	純利益
17.12	3,643,427	419,047	400,564	288,275
18.12	3,650,111	402,732	381,132	291,642
19.12	3,525,600	326,098	316,823	292,598

【グループ会社】ブリヂストンスポーツ ブリヂストンサイクル

> 採用の内訳や採用実績校、離職率、福利厚生制度、就職試験の内容などの情報が満載！

✎ **ポイント**

● 待遇や福利厚生が気になるならば、まず『就職四季報』で調べよう。
● 「3年後離職率」「残業時間数」など、他の就職情報誌では見ることができないデータが満載

『就職四季報 総合版』

Point 30 自分にとって入りやすい会社かチェック

■ 過去の採用実績から採用傾向を押さえておこう

採用傾向が一目瞭然

　エントリーしようとする会社が自分にとって入りやすいのか、入りにくいのか、とても気になることでしょう。そこで、まず「新卒採用の男女比」（円グラフ）を見てください。**新卒採用の男女比がひと目で分かります。**業種や企業によって男女比に偏りがあります。次に【男女・文理別採用実績】を見ましょう。学歴、男女、文理別でわけると、就活生は8つのカテゴリーに分類されます。『**就職四季報**』では8つの〈カテゴリー〉ごとに採用人数が載っています。自分が入りやすい会社かどうかの判断材料になります。

　例えば、〈理系の大学院卒の男子〉の採用は多いが、〈文系の大卒女子〉採用はゼロという会社もあります。どうしてもその会社に入社したいのならば、女子であっても受験するべきだと思いますが、かなりの覚悟が必要でしょう。

　さらにチェックしたいのが、【男女・職種別採用実績】です。総合職、一般職、研究職、専任職など職種別の男女別採用数が掲載されています。**女子採用が多いと思ったら、一般職がほとんどで、総合職は少ない**というケースもあります。

【入社者の採用実績校】の読み方

　【入社者の採用実績校】には、直近の内定者の学校名と採用人数が掲載されています。ここに自分の大学が掲載されていれば、とりあえず有利です。しかし、自分の大学名がなくても悲観することはありません。大学名が多数掲載されているならば、会社が大学名にこだわっていないということです。

　問題は大学数が少なく、自分の大学が載っていない場合です。【入社者の採用実績校】を見ると入社者が特定の大学に限定されている会社があります。日本企業は前例を踏襲する傾向があるので、これまで○○大学から採用しているならば、今年も○○大学から採用するということは十分あり得ます。

　一方で、**企業は人材の画一化を恐れています。**これまでは、特定の大学から採用していたけれど、これからは幅広く採用しようと考えている企業は存在します。仮に自分の大学名がなくても、どうしてもその企業に入社したいならば、企業研究や筆記試験対策をしっかりやってからエントリーしてください。

自分は求められている人材か？

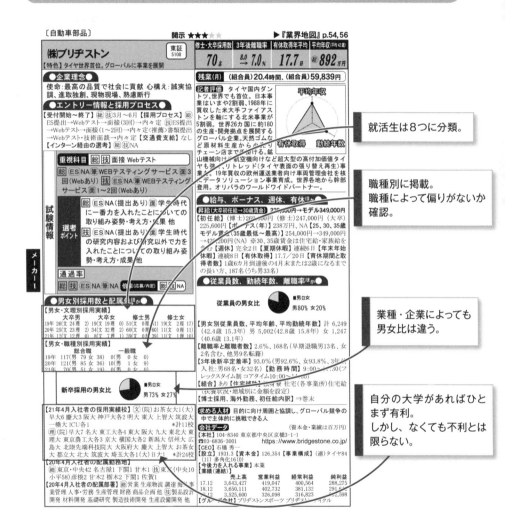

〔自動車部品〕

開示 ★★★☆☆　　　▶『業界地図』p.54, 56

(株)ブリヂストン　東証 5108

【特色】タイヤ世界首位。グローバルに事業を展開

修士・大卒採用数	3年後離職率	有休取得年平均	平均年収(平均42歳)
70ㅅ	8.0 → 7.0%	17.7ョ	總 892万円

残業(月)（組合員）20.4時間、（組合員）59,839円

●企業理念●
使命：最高の品質で社会に貢献 心構え：誠実協調、進取独創、現物現場、熟慮断行

●エントリー情報と採用プロセス●
【受付開始～終了】 技 3月～6月【採用プロセス】總 ES提出→Webテスト→面接(3回)→内々定 技 ES提出→Webテスト→面接(1～2回)→内々定〈推薦〉書類提出→Webテスト・技術面談→内々定【交通費支給】なし【インターン経由の選考】總 技 NA

| 重視科目 | 總 技 面接 Webテスト |

試験情報
選考ポイント
總 ES NA 筆 WEBテスティングサービス 面 3回（Webあり）技 ES NA 筆 WEBテスティングサービス 面 1～2回（Webあり）

總 ES NA（提出あり）面 学生時代に一番力を入れたことについての取り組み 姿勢・考え方・成果 他
技 ES NA（提出あり）面 学生時代の研究内容および研究以外で力を入れたことについての取り組み姿勢・考え方・成果 他

通過率
總 技 ES NA 筆 倍率(応募/内定) 總 技 NA

●男女別採用数と配属状況●
【男女・文理別採用実績】
	大卒男	大卒女	修士男	修士女
19年	26(文 24 理 2)	19(文 19 理 0)	51(文 0 理 51)	11(文 2 理 17)
20年	25(文 23 理 2)	34(文 32 理 2)	62(文 0 理 62)	11(文 2 理 9)
21年	16(文 14 理 2)	10(文 10 理 0)	41(文 0 理 41)	3(文 1 理 2)

【男女・職種別採用実績】
	総合職		一般職	
19年	117(男 79 女 38)	0(男 0 女 0)		
20年	121(男 85 女 36)	10(男 1 女 9)		
21年	70(男 51 女 19)	0(男 0 女 0)		

新卒採用の男女比　■男 □女
男73% 女27%

【21年4月入社者の採用実績校】
(文)(院) お茶女大1 (大) 早大3 慶大3 阪大 神戸大各2 明大 東大 上智大 筑波大 一橋大 ICU大1 *計13校
(理)(院) 早大7 名大 東工大各4 東大 阪大 九大 東北大 東理大 東京農工大各3 京大 横国大各2 新潟大 信州大 広島大 北陸先端科技院大 大阪府大 東北大 上智大 お茶女大 大都立大 北大 筑波大 埼玉大各1 (大)�1 *計24校

【20年4月入社者の配属勤務地】
(總)東京・中央42 名古屋1 下関1 甘木1 (技)東京（中央10 小平58）彦根2 甘木2 栃木2 下関1 佐賀1

【20年4月入社者の配属部署】
(總)営業 生産物流 調達 海外事業管理 人事・労務 生産管理 財務 商品企画 他 (技)製品設計 開発 材料開発 基礎研究開発 製造技術開発 生産設備開発 他

●給与、ボーナス、週休、有休ほか●
昇給(大卒初任給＋30歳賃金) 225,600円→モデル349,000円
【初任給】(博士)269,300円 (修士)247,000円 (大卒)225,600円【ボーナス】238万円、NA【25、30、35歳モデル賃金(35歳最低～最高)】254,000円→349,000円→425,000円(NA) ※30、35歳賃金は住宅給・家族給を含む【週休】完全2日【夏期休暇】連続6日【年末年始休暇】連続8日【有休取得】17.7/20日【育休期間と取得者数】1歳6カ月到達後の4月末または2歳になるまでの長い方、187名(うち男33名)

●従業員数、勤続年数、離職率ほか●
従業員の男女比　■男80% 女20%
【男女別従業員数、平均年齢、平均勤続年数】計 6,249(42.4歳 15.3年) 男 5,002(42.8歳 15.8年) 女 1,247(40.6歳 13.1年)
【離職率と離職者数】2.6%、168名(早期退職男13名、女2名含む、他男9名転籍)
【3年後新卒定着率】93.0%(男92.6%、女93.8%、3年入社:男68名 女32名)【勤務時間】9:00～17:30(フレックスタイム制 コアタイム10:00～15:00)
【組合】あり【住宅補助】借上社宅(各事業所)住宅給(扶養状況・地域別に金額を設定)
【博士採用、海外勤務、初任給内訳】▶巻末

求める人材 目的に向け周囲と協調し、グローバル競争の中で主体的に挑戦できる人

会社データ　　　(資本金・業績は百万円)
【本社】104-8340 東京都中央区京橋3-1-1
【☎】03-6836-3001　https://www.bridgestone.co.jp/
【CEO】石橋 秀一
【設立】1931.3【資本金】126,354【事業構成】(連)タイヤ84(11)多角化16(0)【今後力を入れる事業】本業

	売上高	営業利益	経常利益	純利益
17.12	3,643,427	419,047	400,564	288,275
18.12	3,650,111	402,732	381,132	291,659
19.12	3,525,600	326,098	316,823	202,598
【グループ会社】ブリヂストンスポーツ ブリヂストンサイクル

就活生は8つに分類。

職種別に掲載。職種によって偏りがないか確認。

業種・企業によっても男女比は違う。

自分の大学があればひとまず有利。しかし、なくても不利とは限らない。

記者評価 タイヤ国内ダントツ、世界でも首位。日本事業はいまや2割弱、1988年に買収した米大手ファイアストンを軸にする北米事業が5割弱。世界26カ国に約180の生産・開発拠点を展開するグローバル企業。天然ゴムなど原料材料生産から小売りチェーン店までを擁し、山機械向け・航空機向けなど超大型の高付加価値タイヤも強い。リトレッド(タイヤ表面の張り替え再生)事業。19年買収の欧州運送業者向け車両管理会社を核にデータソリューション事業育成。世界各地から幹部登用。オリバラのワールドワイドパートナー。

平均年収
有休取得　勤続年数

ポイント

●学歴、男女別、文理別などで自分が入りやすい会社かどうかをチェック。
●【入社者の採用実績校】の中に自分の大学がなくても悲観することはない。

『就職四季報 総合版』

31 大量採用・大量退職企業に気を付ける

■「3年後離職率」が30%を超える企業には注意

採用数が多ければよいというものではない

　企業名の右横の欄に「修士・大卒採用数」が掲載されています。その企業が何人採用したかがひと目で分かります。単純に考えれば、採用人数が多ければ多いほど入社しやすいということになります。ただ、大量採用・大量退職というケースがあるので、採用人数が多ければ多いほどいいというわけではありません。

　そこで、チェックするべきなのが「修士・大卒採用数」の隣の「3年後離職率」です。これは、3年前に入社した新卒者が3年間でどの程度辞めたのかを表します。

　「3年後離職率」は（3年前入社者－直近4月在籍者）÷（3年前入社者）×100で算出されます。

　右ページの『就職四季報』（2020年11月発行）の場合、小さな文字で書かれた8.0%とは、2016年4月1日に入社した新卒社員のうち8%が2019年4月1日までに辞めたことを意味します。

　大きな文字で書かれた7.0%とは、2017年4月1日に入社した新卒社員のうち7.0%が2020年4月1日までに辞めたことを意味します。

　2021年11月発行の『就職四季報 2023年版』には、2017年4月1日に入社した新卒社員が2020年4月1日までに辞めた率が小さい文字で、2018年4月1日に入社した新卒社員が2021年4月1日までに辞めた率が大きい文字で掲載されています。

3年未満で会社を退職すると次の仕事を見つけるのが難しくなる

　「3年後離職率」が30%を超える企業には注意してください。厚生労働省の職業安定業務統計によれば、就職してから3年間の離職率は大卒で約30%です。

　3年未満で退職してしまうと、「働く意欲に乏しい人」「根気のない人」などと評価されて、次の仕事を見つけるのに苦労するでしょう。

　逆に3年間きちんと勤務すれば、転職するのは難しいことではありません。特に大きな実績をあげなくても、3年間勤務し続けたこと自体が評価されるのです。少なくても3年は勤められる企業を選んでください。

大量採用でもその後、大量退職していないか？

『**就職四季報 総合版**』のここを見よう！

【業種】　　　　　　開示度　　　　▲『業界地図』P.

社名、特色、上場区分			勤続 Ⓐ 卒 3 Ⓑ 年数 年数			有休取得 年平均	平均年収 （平均○歳）
エントリー情報			残業 （月）				
試験情報			記者評価				
			給与・休暇				
採用数			従業員数、勤続年数、離職率				
実績校			会社データ				
配属先							

> 30%を超えていたら
> 注意！

Ⓐ	Ⓑ		
修士・大卒採用数	**3年後離職率**	**有休取得年平均**	**平均年収**(平均42歳)
70名	8.0 → **7.0**%	**17.7**日	⊛ **892**万円

> 多いほど入社しやすいが、
> 大量採用・大量退職には
> 注意！

> 2016年4月に入社した
> 社員が、2019年4月ま
> でに退職した割合。

> 2017年4月に入社した
> 社員が、2020年4月ま
> でに退職した割合。

> 5108：ブリヂストン

● ポイント

- ●大量採用・大量退職の企業を避けるために「3年後離職率」をチェック。
  30%を超える企業には注意しよう。
- ●入社後3年未満で退職すると、次の就職先を見つけるのが困難になる。

『就職四季報 総合版』

Point 32 長く勤務できる企業はどこだ?

■【離職率と離職者数】【平均勤続年数】から分かること

ブラック企業の見わけ方

　『就職四季報』には「3年後離職率」の他に【離職率と離職者数】という項目があります。

　【離職率】とは、会社全体でどのくらいの社員が離職しているのかを示す指標です。離職率は(前年度1年間の離職者数)÷(前年度期首の社員数)×100で算出されます。定年退職やグループ会社への転籍は離職者数に含めていません。離職者数とは自己都合で離職した人数ですが、リストラで退職した人の数は含みます。

　早期退職募集をしたときは一時的に離職率が高くなります。**単年だけ見て、その会社の離職傾向を判断することはできません。**過去3年程度のバックナンバーを見ることをお勧めします。

　リストラなどの特殊要因がない場合は、5%を超えると高い水準と言えます。リストラをした結果としても、10%を超えればかなり大きなリストラを断行したことになります。「3年後離職率」も全体の離職率も高いならばブラック企業であるかもしれません。もし、こうした企業を受けるのならば、表面的なデータだけでなく、内部社員の話など生の情報も集めてください。

【平均勤続年数】の長い企業は居心地がいい

　居心地のよい会社ならば、社員はなかなか辞めません。そこで、**居心地のよさを表す指標が【平均勤続年数】です。**企業のHPやパンフレットに「温かい社風」「家族的な経営」などと書かれていることがよくあります。しかし、**こんな抽象的な表現では実態が分かりません。居心地のよさを知りたいのならば【平均勤続年数】をチェックしましょう。**

　ただ、**平均勤続年数が長いということは、長期間、固定的なメンバーで働いているということです。**こうした企業の中には、新事業への意欲に欠けていたり、人事制度も保守的であったりする企業があります。若手社員は物足りなさを感じるかもしれません。

長く勤務できる居心地がいい会社の見わけ方

『就職四季報 総合版』のここを見よう！

【業種】	開示度	▲『業界地図』P.

社名、特色、上場区分	修士・大卒採用数	3年後離職率	有休取得年平均	平均年収（平均○歳）
エントリー情報	残業（月）			
試験情報	記者評価			
	給与・休暇			
採用数	従業員数、勤続年数、離職率			
実績校	会社データ			
配属先				

会社の居心地のよさをチェック！

●従業員数、勤続年数、離職率ほか

従業員の男女比

■男□女
男80%　女20%

【男女別従業員数、平均年齢、平均勤続年数】計 6,249
（42.4歳 15.3年）男 5,002（42.8歳 15.8年）女 1,247
（40.6歳 13.1年）
【離職率と離職者数】2.6%、168名（早期退職男13名、女
名含む、他男9名転籍）
【3年後新卒定着率】93.0%（男92.6%、女93.8%、3年前
入 社：男68名・女32名）【勤務時間】9:00〜17:30（フ
レックスタイム制 コアタイム10:00〜14:00）
【組合】あり【住宅補助】独身寮 社宅（各事業所）住宅給
（扶養状況・地域別に金額を設定）
【博士採用、海外勤務、初任給内訳】⇒巻末

離職率は5%を超えると高め。

5108：ブリヂストン

ポイント

●ブラック企業を見わけるには、「3年後離職率」【離職率と離職者数】【平均
勤続年数】をチェック。
●平均勤続年数は居心地のよさを表す指標。

『就職四季報 総合版』

ゆとりある生活を送るために
チェックするべきこと

■ 「平均年収」「有休取得年平均」に注目

年収の高い企業・低い企業をどう見るか

　就活生が就職先を選ぶとき、仕事の内容ややりがいなどを気にすると思います。いかに社会貢献できるかといったことにこだわる学生も多いでしょう。しかし、年収が低すぎると生活設計ができません。

　年収が高いということは、企業が多くの利益をあげていることを示します。年収が高い企業＝勝ち組企業とも言えます。また、企業がいかに社員を大切にしているかということを表す指標でもあり、年収も企業選びの重要な要素です。

　とはいえ、**年収は業界ごとに格差があるので、異なる業界の会社の年収を比較しても意味がありません。同業他社で比較してください。**同業内で比較した場合でも、食品業界のように利益規模などの差によって、1位と最下位の差が3倍超もあるケースがあります。

「有休取得年平均」で実際に休める日数が分かる

　会社の人事制度に有給休暇があるということと、実際に休みを取ることができるというのは別の話です。有休を取る権利はあっても、忙しくて取れない、または職場の雰囲気で取れないということがあります。会社案内の資料に「有休○日」と書いてあっても、その通り休めるかどうかは分かりません。

　そこで、『就職四季報』では、1年間に実際に消化した有給休暇の日数を掲載しています。その日数が「**有休取得年平均**」です。有給休暇は20日が一般的で、消化率のメドは50％。1年間に10日程度有給休暇を取っていれば、平均的な企業と言えるでしょう。【有休取得】の右側の数字が規則上取得できる有給休暇日数で、左側の数字が実際に取得した日数です。

　メーカーの場合、夏のお盆の時期に一斉休業となることが多いです。これも有休休暇の消化日数に換算されます。会社が一方的に休日を決めてしまうわけです。お盆の時期に出社するから、違う時期に休ませてくれと言っても認めてくれないでしょう。社会人になると休みを取る時期が制約されることがあります。

待遇の基本となる部分を要チェック！

『就職四季報 総合版』のここを見よう！

【業種】　　　　　　開示度　▲『業界地図』P.

社名、特色、上場区分	修士・大卒 採用数	3年後 離職率	有休 **A**	平均 **B**
エントリー情報	残業（月）			
試験情報	記者評価			
	給与・休暇　**C**			
採用数	従業員数、勤続年数、離職率			
実績校	会社データ			
配属先				

5108：ブリヂストン

業界で差がある。
同業他社での比較
をしよう。

A 修士・大卒採用数	3年後離職率	**A** 有休取得年平均	**B** 平均年収（平均42歳）
70名	8.0 → **7.0**%	**17.7**日	総 **892**万円

実際に何日休めて
いるかが分かる！

C

●給与、ボーナス、週休、有休ほか●

昇給（大卒初任給→30歳賃金） 225,600円→モデル349,000円

【初任給】（博士）269,600円 （修士）247,000円 （大卒）225,600円【ボーナス（年）】238万円、NA【25、30、35歳モデル賃金（35歳最低〜最高）】254,000円→349,000円→429,200円（NA）※30、35歳賃金は住宅給・家族給を含む【週休】完全2日【夏期休暇】連続6日【年末年始休暇】連続8日【有休取得】17.7／20日【育休期間と取得者数】1歳6カ月到達後の4月末または2歳になるまでの長い方、187名（うち男33名）

有給休暇は20日が一般的。
10日取れていれば、平均的。

📢 ポイント

●年収の高低は同業他社で比較すること。平均年齢も併せてチェックしよう。

●会社の規則で有給休暇日数が決まっていても、実際にその通りの日数を
　休めるとは限らない。実際に何日休めるのかが重要だ。

『就職四季報 総合版』

Point **34** 初任給の額だけでなく昇給率も重要だ

■ 30歳を過ぎても給料が新卒とあまり変わらない企業もある

【初任給】だけを見て一喜一憂しない

　Point33で平均年収について書きましたが、ここではさらに収入に関して述べたいと思います。それでは「給与、ボーナス、週休、有休ほか」の欄をもう一度チェックしましょう。

　まず気になるのは【初任給】でしょう。初任給とは新卒者に支給される1カ月分の給与のことです。学歴や一般職・総合職といったコースごとで金額が異なります。地方の会社よりも東京の会社、日本企業よりも外資系の方が高いといった傾向があります。また、業界ごとの相場があります。

　しかし、初任給だけをチェックするのでは不十分です。**初任給が高くても、その後、賃金があまり上昇しない企業があるのです**。そこで、【25、30、35歳賃金(35歳最低～最高)】を見ましょう。**各年代でいくらなのかが分かります**。また、35歳の社員の最低賃金と最高賃金をチェックすれば、同年齢でどのくらい給与に差がつくのかが分かります。最低金額と最高金額はあまりにも生々しい数字なので、企業はあまりオープンにしたくないようです。アンケートに対してNA*が多くなっています。

新卒と中堅の給与がほとんど同じということも

　「昇給(大卒初任給→30歳賃金)」を見て下さい。30歳賃金が大卒初任給に比べてどれだけ上昇するのかがわかります。30歳賃金が初任給の2倍を超える企業がある一方で、昇給率が10%程度の企業もあります。30歳になって責任のある仕事をある程度任されていても、賃金は新人の頃とあまり変わらないという企業もあるのです。

　また、**30歳から35歳までの昇給率も計算してみましょう**。若いうちは賃金が抑えられていても、中年以降に伸び率が高くなる企業もあれば、伸び悩む企業もあります。給与を検証するときは、掲載されている絶対額だけでなく昇給率もチェックして下さい。そして、**同業他社と比較することも重要です**。

　ボーナスはその時々の業績によって大きく変化しますので、入社前からボーナスについて気にしてもあまり意味がありません。

初任給は昇給率と併せてチェックする！

『就職四季報 総合版』のここを見よう！

| 【業種】 | 開示度　▲ | 『業界地図』P. |

社名、特色、上場区分	修士・大卒 採用数	3年後 離職率	有休取得 年平均	平均年収 (平均○歳)
エントリー情報	残業（月）　**Ⓐ**			
試験情報	記者評価			
	給与・休暇　**Ⓑ**			
採用数	従業員数、勤続年数、離職率			
実績校	会社データ			
配属先				

6367：ダイキン工業

Ⓑ

●給与、ボーナス、週休、有休ほか●

昇給（大卒初任給→30歳賃金）225,000円→334,400円

【初任給】（博士）268,800円（修士）244,800円（大卒）225,000円【ボーナス（年）】215万円、6.34カ月【25、30、35歳賃金（35歳最低〜最高）】255,500円→334,400円→380,300円（312,500〜487,000円）※基幹職を除く【週休】完全2日（土日祝）【夏期休暇】連続5日（有休で取得）【年末年始休暇】連続5日【有休取得】20.2／22日【育休期間と取得者数】1歳になるまで、469名（うち男252名）

新卒者に支給される1カ月分の給与。

同年代での給与の差が分かる！

＊**NA**：No Answer の略。企業が東洋経済のアンケートや取材に対して回答を拒否したことを意味する。Point41 参照。

◆ ポイント

● 初任給の額に固執しても意味はない。初任給が高くてもあまり昇給しない企業もある。

● 給料を評価するときは、絶対額、昇給率、同業他社との差をチェックしよう。

重要度 ★ ★ ☆

『就職四季報 総合版』

> **Point**
> **35**
> 就活生が気にする残業時間。
> 判断の基準はどこにあるのか？

■ 職場環境を知るために【月平均残業時間と支給額】をチェック

人気企業は残業が多い？

残業時間を気にする学生が多いようですが、『就職四季報』には 残業（月） という欄があります。労働基準法によって労働時間は1日8時間、1週間40時間以内と定められています。本来は、会社はこれ以上労働させてはいけないのです。

しかし、これでは実際に業務が成り立たないので、会社と労働組合が協議して残業時間を設定しています。

ただ、協議をすれば何時間でも残業させていいというのではありません。**長くても1カ月45時間、1年間360時間という制限があります。**1カ月45時間というと1日に約2時間、30時間としても1時間超の残業時間となります。**30時間を超えている企業は残業が多いといえるでしょう。**

実は残業に関してNA*と回答する企業が多いのです。特に金融、マスコミはNAが多くなっています。おそらく残業時間が長いので回答したくないのでしょう。**実際の残業時間が45時間を超えている企業は存在します。**

「ノー残業デー」でも残業する ―OB・OG訪問で生の情報を仕入れよう―

また、実際には残業しているのに残業時間としてカウントされていないこともあります。これを「サービス残業」と言います。

企業が労働者に残業をさせた場合、25％以上の割り増し賃金を支払わなくてはなりません。企業は人件費を増やしたくないので、「ノー残業デー」を設けて特定の日に残業を禁止することがあるのです。

しかし、**実際は社内に残って仕事をしたり、家で仕事をしたりしている従業員が少なくありません。** 残業（月） の時間数が少なくてもうのみにはできません。

残業に関しては、数値をチェックするだけでなく、OB・OG訪問などをして生の情報を収集してください。残業時間がNAであっても、離職率が高ければ残業時間が長いという可能性もあります。

データから残業をチェックする

『就職四季報 総合版』のここを見よう!

【業種】　　　　　開示度　　　▲『業界地図』P.

社名、特色、上場区分	修士・大卒 採用数 ③ **B**	有休取得 年平均	平均年収 (平均○歳)
エントリー情報	残業(月) **A**		
試験情報	記者評価		
	給与・休暇		
採用数	従業員数、勤続年数、離職率 **C**		
実績校	会社データ		
配属先			

> 30 時間を超えていると
> 残業は多め。

A

残業(月)（組合員）20.4時間、（組合員）59,839円

B

修士・大卒採用数	3年後離職率	有休取得年平均	平均年収(平均42歳)
70名	8.0 → **7.0**%	**17.7**日	(総)**892**万円

> 離職率が高ければ、残業が多い
> 可能性もある。

C ●従業員数、勤続年数、離職率ほか

従業員の男女比

■男□女
男80% 女20%

【男女別従業員数、平均年齢、平均勤続年数】計 6,249
(42.4歳 15.3年) 男 5,002(42.8歳 15.8年) 女 1,247
(40.6歳 13.1年)

【離職率と離職者数】2.6%、168名(早期退職男13名、女
2名含む、他男9名転籍)

【3年後新卒定着率】93.0%(男92.6%、女93.8%、3年前
入社:男68名・女32名)【勤務時間】9:00〜17:30(フ
レックスタイム制 コアタイム10:00〜14:00)

【組合】あり【住宅補助】独身寮 社宅(各事業所)住宅給
(扶養状況・地域別に金額を設定)

【博士採用、海外勤務、初任給内訳】⇒巻末

5108:ブリヂストン

*NA:No Answer の略。企業が『就職四季報』編集部のアンケートや取材に対して回答を拒否したこ
とを意味する。Point42 参照。

ポイント

●月に 45 時間超の残業がある企業は少なくない。

●「ノー残業デー」でも実際は残業しているケースがある。残業の実態はOB・
OG訪問で確認しよう。

『就職四季報 総合版』

Point 36 ESのヒントも『就職四季報』にある!

■【今後力を入れる事業】をチェックして会社の目指す方向を的確につかむ

【今後力を入れる事業】をESの参考にしよう!

多くの就活生がエントリーシート(ES)の記入に苦労しています。ESでよく質問されるのが、「自己PR」「志望動機」「学生時代に力を入れたこと」とともに「入社したらどんな仕事をしたいか」です。自分のやりたい仕事と会社の目指す方向が異なっていたらESは通過しない、と見ていいでしょう。

そこで、ESを書くときには【今後力を入れる事業】を参考にすることをお勧めします。

例えば、大手自動車メーカー本田技研工業(ホンダ)の【今後力を入れる事業】には「環境・安全」と記載されています。ホンダが既存のガソリン車の燃費向上や有害物質の排出抑制に取り組むことはもちろん、電気自動車や自動運転の技術開発を推進していくということです。

ホンダのESには「新興国の環境を汚染しない自動車を開発・販売し、新興国の発展に寄与したい」「自動運転を実用化させることで、事故のない安全な社会の創出に貢献したい」などと書けば会社からの評価は高いでしょう。

同業でも【今後力を入れる事業】が異なる

総合商社の【今後力を入れる事業】には資源、インフラ、エネルギーといった語句が並んでいることが多いのですが、三菱商事のページには「川下領域」と記載されています。

同社は原料炭や石油・天然ガスなどの資源分野に強いのですが、三菱食品やローソン等の子会社を通じて消費者に近い川下領域でも積極的に事業展開しています。ESでは「三菱商事のネットワークを活用し消費分野で新ビジネスを立ち上げたい」などと書けば、他の就活生と差をつけることができるでしょう。

大林組の【今後力を入れる事業】には、「新領域(再生可能エネルギー他)」と記載されています。大手建設会社が再生可能エネルギーとはどういうことでしょうか。実は同社は太陽光や風力による売電事業や、地熱発電プラントの建設などを手がけています。ESでは建築や土木工事のことだけでなく、環境問題にも関心があることをPRしてください。

『就職四季報』を ES に活用する!

『就職四季報 総合版』のここを見よう!

【業種】　　　　開示度　　　▲『業界地図』P.

社名、特色、上場区分	修士・大卒 採用数	3年後 離職率	有休取得 年平均	平均年収 （平均○歳）
エントリー情報	残業（月）			
試験情報	記者評価			
	給与・休暇			
採用数	従業員数、勤続年数、離職率			
実績校 配属先	会社データ			

7267：本田技研工業（ホンダ）

求める人材 モビリティで世界を変えたいという志を持ち、自らの目標の実現に向けて行動できる人

会社データ （資本金・業績は百万円）

【本社】107-8556 東京都港区南青山2-1-1
☎03-3423-1111　　https://www.honda.co.jp/
【社長】八郷 隆弘
【設立】1948.9【資本金】86,067【事業構成】(連)二輪14(14)
　四輪67(2) 金融サービス17(8) ライフクリエーション他2(-7)
【今後力を入れる事業】環境・安全
【業績(IFRS)】

	売上高	営業利益	税前利益	純利益
18.3	15,361,146	833,558	1,114,973	1,059,337
19.3	15,888,617	726,370	979,375	610,316
20.3	14,931,009	633,637	789,918	455,746

【グループ会社】本田技術研究所 ホンダアクセス 他
※会社データを除き、本田技研工業、本田技術研究所、ホンダ
　アクセスの合算

> 自分のやりたい仕事と会社の目指す方向が同じならば、会社から高く評価される。

ポイント

●【今後力を入れる事業】の内容は ES の「入社したらどんな仕事をしたいか?」の項目を書くときの参考になる。

『就職四季報 総合版』

Point 37　会社の概要を客観的に知るには？

■ 【特色】と 記者評価 をチェック

【特色】で企業の概要をつかむ

　会社の概要を簡単につかむには【特色】を見ましょう。食品や衣服など最終製品を作っている企業の概要は分かりやすいですが、素材や部品などを作っているB to B 企業*は社名すら知らないということがあると思います。

　また、最近はカタカナやローマ字社名に変更する企業が多く、社名からだけでは、どのような事業を行っているのか分かりにくいケースが増えています。こうしたときには【特色】が役に立ちます。その会社の主要事業や業界内でのシェア、系列などがコンパクトにまとまっています。

　例えばデンソーの場合「自動車部品で国内最大、世界2位。トヨタ系」と書いてあります。事業は自動車部品で、売上高は世界トップクラスであり、トヨタ自動車のグループ企業だということが分かります。デンソーを知らない就活生でも、【特色】を読めばどんな会社かすぐに分かります。

記者が客観的に企業を評価

　記者評価は東洋経済の記者達が日頃の取材をベースに、就活生に分かりやすくその会社の概要をまとめています。表面的な情報だけでなく、記者の評価も入っているのが特徴です。企業のHPには、企業のPRしたいことしか書いてありません。企業の問題点や弱点、過去の不祥事などには触れていないものです。

　しかし、『就職四季報』では企業にとって耳の痛いことでも記者がしっかり書きます。記者は企業のためではなく、読者すなわち就活生のために記事を書いています。『就職四季報』は企業広告ではなく、本当の企業情報の塊なのです。

　業界用語が出てくるのでやや読みにくく感じるかもしれません。しかし、個別企業について理解するには業界用語を知らなくてはなりません。

　企業や業界を理解するためには、最低限この欄に出てくる用語を知っておく必要があります。そこで、この欄に出てきた用語はインターネットや書籍で必ず調べて覚えてしまいましょう。

客観的な記事で企業の本当の姿を知る！

『就職四季報 総合版』のここを見よう！

【業種】　　　　　開示度　▲『業界地図』P.

社名、特色、上場区分 **A**	修士・大卒 採用数	3年後 離職率	有休取得 年平均	平均年収 （平均○歳）
エントリー情報	残業（月）			
試験情報	記者評価 **B**			
	給与・休暇			
採用数	従業員数、勤続年数、離職率			
実績校	会社データ			
配属先				

> どんな会社か、
> すぐに分かる。

A

㈱デンソー

【東証 6902】

【特色】自動車部品で国内最大、世界2位。トヨタ系

P.

記者評価 トヨタ自動車から自動車の電装部品部門が分離独立。自動車の電子化を背景に自動車部品で国内最大、世界2位。トヨタグループの筆頭格で、熱機器やエンジン、駆動系など製品ラインナップは幅広い。ハイブリッドなど環境技術、自動ブレーキなどの技術力も高い。売上高に占めるトヨタ比率は5割弱。世界の主要な自動車メーカーと取り引きがある。グループで唯一、トヨタから社長を受け入れておらず独立色が強い。20年4月にトヨタの主要な電子部品事業を当社へ移管し集約。自動運転向けの半導体の開発も加速中。

平均年収

有休取得　　勤続年数

> ここに出てきた
> 業界用語は必ず調
> べておくこと。

＊Ｂ to Ｂ企業：一般消費者ではなく、企業に対してモノやサービスを販売する企業。

✏ ポイント

● 【特色】と **記者評価** で企業の概要をつかむ。
● 事業内容、業界内の順位、シェア、系列関係などは確実に押さえておこう。
● **記者評価** に出てくる業界用語は覚えてしまうこと。

『就職四季報 総合版』

Point 38　採用プロセスと試験内容を事前に押さえておこう

■ 就活を始める前に「エントリー情報と採用プロセス」欄は必見！

企業によって異なる採用のプロセス

　実際の採用はどのように行われるのでしょうか？ 就活を始める前から、採用の流れと各段階で行われることを押さえておくべきです。

　まずは「エントリー情報と採用プロセス」をチェックしましょう。採用活動の大まかな日程を把握することができます。ただ、『就職四季報』に掲載されているスケジュールは前年度のスケジュール実績なので、最新の日程は企業のHPなどで確認してください。

　また、採用プロセスは各企業によってまちまちです。会社説明会に参加した後にエントリーシートの提出を求める企業もあれば、会社説明会のときにエントリーシートの持参を求める企業もあります。採用プロセスによって対策の立て方も違ってきます。

筆記試験＝SPIではない

　次に、試験情報の「重視科目」欄の筆を見て下さい。これはその企業で実施される筆記試験の種類を表します。就職試験における筆記試験とはSPIと思い込んでいる学生が多いようですが、実際にはその他の筆記試験も行われています。

　SPIはリクルートキャリアの制作ですが、ヒューマネージ社のTG-WEBや日本エス・エイチ・エル社のGABや玉手箱といった筆記試験を学生に課す企業は少なくありません。それぞれ対策が異なりますので、自分の志望する企業がどの筆記試験を採用しているのかチェックしておくことは極めて重要です。

　「テストセンター」とあれば外部会場でSPIを受ける方式です。「WEBテスティングサービス」は自宅でパソコンを使用してSPIを受験する方式です。「GAB（テストセンター）」は外部会場でGABを受けることを、「WEBGAB」は自宅でパソコンを使ってGABを受験することを表します。

　通過率のESとはエントリーシート(ES)の通過率のこと。通過数÷ES受付数で算出しています。通過率を確認して、低い企業ばかりではなく、高い企業にもエントリーするようにしましょう。また、ESの選考はせず、全員通過とする企業もあります。そうした場合は、「選考なし」と記載しています。

採用プロセスによって対策の立て方も違ってくる

『就職四季報 総合版』のここを見よう！

【業種】　　開示度　　▲『業界地図』P.

社名、特色、上場区分	修士・大卒 採用数	3年後 離職率	有体取得 年平均	平均年収 （平均○歳）
エントリー情報 **A**	残業（月）			
試験情報 **B**	記者評価			
	給与・休暇			
採用数	従業員数、勤続年数、離職率			
実績校	会社データ			
配属先				

A ●エントリー情報と採用プロセス●

【受付開始〜終了】総 技 月〜職種により異なる【採用プロセス】総
ES提出（3〜7月）→適性テスト（3〜7月）→面談（2〜3回、6〜7月）→
内々定（6月上旬〜）技 ES提出（3〜7月）→適性テスト（3〜7月）→面
談（2回、6〜7月）→内々定（6月上旬〜）【交通費支給】最終面談、
都道府県毎に定額支給【インターン経由の選考】総 なし 技 あり

採用プロセスを見て、
対策を立てよう。

筆記には SPI 以外にもいろいろな
種類がある。企業に合わせて試験
対策をしておくこと。

B

試験情報

重視科目 総 技 面談 総 ES ⇒巻末 筆 テ
ストセンター 面 2〜3回（Webあり）技 ES ⇒
巻末 筆 テストセンター 面 2回（Webあり）

選考
ポイント

総 ES 経験からくる人的魅力 説得力 論理
性 自律活動性 メンバーシップマインド 面
マインド（意欲・自立心等）・基礎能力を総
合的に評価 技 ES 経験からくる専門性
チャレンジ精神 発想力 論理性 自律活動性
メンバーシップマインド 特殊な経験 学業含
む課外活動への取り組み 面総合職共通

6367：ダイキン工業

通過率 総 ES 選考なし（受付：2,656）筆 正答率：
ND 通過率：39.0%（ESとの総合判断）技 ES 選考
なし（受付：2,000）筆 正答率：ND 通過率：52.1%
（ESとの総合判断）倍率（応募/内定）総 19倍 技 8倍

ES の通過率が高い企業にも
エントリーしておこう。

ポイント

●採用プロセスは企業によって異なる。採用の流れと各段階で行われることを
　調べておこう。

●筆記試験は SPI だけでなく、さまざまな種類がある。

『就職四季報 総合版』

Point 39　入社者の配属部署・勤務地に こだわりすぎないこと

■ 入社後の配属先は企業次第である

最初の配属先は重視しなくてよい

　マイナビが『2022 年卒大学生就職意識調査』で「企業を選択する場合にどのような企業が良いか?」と学生に質問したところ、20 ある選択肢のうち第 1 位が「安定している」、第 2 位が「自分のやりたい仕事 (職種) ができる」、第 3 位が「給料が良い」となりました。安定性や給料以外に配属部署も気にする学生が多いようです。

　そこで【入社者の配属部署】が参考になります。就職四季報が発行された年の 4 月に入社した社員の配属実績が掲載されています。

　【入社者の配属部署】を見て、自分が希望する部署への配属人数が多ければとりあえず安心ですが、少なければ希望が叶わないかもしれません。

　実は、人材育成方針のもと新人の希望に関係なく配属を決めている企業は少なくないのです。例えば、ある外食企業では新人全員を店舗に配属し、数年してから適性に応じて各部署へ異動させています。最初から自分の希望する部署でなくても悲観することはありません。

総合職は転勤などを受け入れる代わりに昇進や昇給のチャンスを得る

　就職サイト「ブンナビ」を運営する文化放送キャリアパートナーズが 2021 年 4 月に行なった調査で、「企業情報の中で気になるものはどれですか?」と学生に質問しています。

　回答を見ると 17 の選択肢のうち 1 位が「社風」、2 位が「福利厚生制度」、3 位が「勤務地」となっています。就活生にとって配属先だけでなく、勤務地も重要なようです。

　【入社者の配属勤務地】に自分が働きたい地域が記載されていればとりあえず安心ですが、必ずしもその場所に配属されると決まったわけではありません。

　また、自分が行きたくないエリアに新たな拠点ができるかもしれません。それは海外の、しかも後進国ということも十分あり得ます。

　総合職の社員は転勤や人事異動を受け入れる代わりに、昇進や昇給のチャンスを得ているのです。総合職でありながら、勤務場所にこだわるのは無理があります。

入社後の配属部署と勤務地をチェックしておこう

『就職四季報 総合版』のここを見よう！

【業種】　　　　開示度　　　　▲「業界地図」P.

社名、特色、上場区分	修士・大卒 採用数	3年後 離職率	有休取得 年平均	平均年収 （平均○歳）
エントリー情報	残業（月）			
試験情報	記者評価			
	給与・休暇			
採用数	従業員数、勤続年数、離職率			
実績校	会社データ			
配属先				

> 今後さらに勤務地が増える可能性がある。

●男女別採用数と配属先 ほか●

【男女・文理別採用実績】

	大卒男	大卒女	修士男	修士女
19年	51(文 20理 31)	59(文 38理 21)	179(文 0理179)	57(文 3理 54)
20年	55(文 21理 34)	64(文 39理 25)	177(文 1理176)	46(文 2理 44)
21年	48(文 17理 31)	58(文 40理 18)	147(文 1理146)	49(文 1理 48)

【男女・職種別採用実績】

	総合職
19年	431(男 308 女123)
20年	421(男 303 女118)
21年	385(男 269 女116)

6367：ダイキン工業

新卒採用の男女比

■男 □女
男70% 女30%

【21年4月入社者の採用実績校】(文)(院)慶大 立命館大各1 (大)阪大 上智大各8 早大7 神戸大 東京外大 同大 関西学大各4 他 ＊計19校 (理)(院)阪大29 大阪府大16 神戸大15 京大12 京都工繊大11 東大 同大各10 関大8 岡山大 広島大各6 奈良先端科技院大 奈良女大 立命館大各5 (大)関大8 同大6 阪大 神戸大 広島大 大阪府大各3 芝工大 岡山大 明大 立命館大各2 他 ＊計105校

> 人材育成のため、新入社員の希望に関係なく配属先を決めている企業は少なくない。

【20年4月入社者の配属勤務地】(総)大阪(梅田・堺・摂津・中之島・心斎橋)114 滋賀・草津22 横浜4 (技)大阪(梅田・堺・摂津・中之島・心斎橋)243 滋賀・草津31 東京・品川4 横浜3

【20年4月入社者の配属部署】(総)営業10 海外営業7 調達2 サービス10 IT4 経理財務3 人事2 生産管理・企画18 総務2 物流3 秘書1 広報1 <技能系>製造50 サービス25 他2 (技)設計・開発・生産技術・研究121 技術営業28 IT7 サービス18 他107

ポイント

- **●総合職に転勤や人事異動は付きもの。**
- **●総合職として昇進、昇給したいならば会社の方針を受け入れよう。**

『就職四季報 総合版』

Point 40　『就職四季報』で会社の雰囲気を知る

■【男女別従業員数、平均年齢、平均勤続年数】をチェック

『就職四季報』では現業者を除いた人数を掲載

　【男女別従業員数、平均年齢、平均勤続年数】には、最初に従業員の合計人数が載っています。連結ベースではなく、単独ベースの人数です。また、『会社四季報』は現業者*を含む人数を掲載していますが、『就職四季報』では現業者を除いた人数を掲載しています。そこで、同じ企業の単独ベースの従業員数であっても、『会社四季報』とは異なる数字が掲載されている場合があります。

　この合計人数を見ると企業規模が分かります。ただ、人数を必要とする業種とそうでない業種があるので、人数比較するときは同業他社で行いましょう。異なる業種の企業同士を比較してもあまり意味はありません。

　また、最近は非正規雇用が増えているので、実際は掲載されているよりも多くの人達が働いています。

男女比率や平均年齢で職場の雰囲気は異なる

　この欄では、男女比率も分かります。男子が多いか、女子が多いかによって職場の雰囲気も違うでしょう。同性が多い方がいいのか、それとも異性が多い方がいいのか、人によって考えは違うと思いますが、とりあえずこの欄でチェックしてください。

　また、従業員全体の平均年齢と男女別の平均年齢が掲載されています。従業員の年齢によっても職場の雰囲気は変わってくるでしょう。一般的には平均年齢が低ければ活気があり、高ければ保守的となることが多いものです。

　さらに平均勤続年数も併せて見てください。**平均年齢が高めなのに、平均勤続年数が短いとなれば中途入社の従業員が多いということになります。** こうした職場は人材の出入りが多いので、平均年齢が高めでも活気があるでしょう。しかしその一方で、会社への帰属意識があまり高くないことも考えられます。

男女比・平均年齢から会社の様子を知る！

『就職四季報 総合版』のここを見よう！

【業種】　　　　　開示度　　　▲『業界地図』P.

社名、特色、上場区分	修士・大卒採用数	3年後離職率	有休取得年平均	平均年齢（平均○歳）
エントリー情報	残業（月）			
試験情報	記者評価			
	給与・休暇			
採用数	従業員数、勤続年数、離職率			
実績校	会社データ			
配属先				

> 企業規模が分かる！

●従業員数、勤続年数、離職率ほか●

従業員の男女比　　■男□女
男80％　女20％

【男女別従業員数、平均年齢、平均勤続年数】計 6,249
（42.4歳 15.3年）男 5,002（42.8歳 15.8年）女 1,247
（40.6歳 13.1年）

【離職率と離職者数】2.6％、168名（早期退職男13名、女
2名含む、他男9名転籍）

【3年後新卒定着率】93.0％（男92.6％、女93.3％、3年前
入社：男68名・女32名）【勤務時間】9:00〜17:30（フ
レックスタイム制 コアタイム10:00〜14:00）

【組合】あり【住宅補助】独身寮 社宅（各事業所）住宅給
（扶養状況・地域別に金額を設定）

【博士採用、海外勤務、初任給内訳】⇒巻末

> 5108：ブリヂストン

> 平均年齢が高いのに平均勤続年数が
> 短い会社は中途社員が多い。

> 男女比・平均年齢で雰囲気
> を読み取る！

＊現業者：メーカーの工場などで実際に組立業務などに携わっている従業員のこと。正社員だが、昇進・
給与体系などは大卒総合職と異なる。

ポイント

●現業者を除いた正社員の人数を掲載。人数比較は同業他社で行うこと。

●男女比、平均年齢、平均勤続年数から会社の雰囲気を予想できる。

『就職四季報 総合版』

Point 41 ★の数で社風が分かる

■ NA，NDが意味することとは？

情報開示度を★の数で表示

学生向けに『就職四季報』の読み方について講演すると必ず出る質問があります。それは「NA、NDとは何ですか?」というものです。

NAとは No Answer の略で、企業が東洋経済のアンケートに対し回答を拒否したことを意味します。本来であれば、会社はよい情報も悪い情報も公開し、学生がそれらに納得したうえでエントリーするのが健全な姿です。

しかし、企業は自社にとって都合の悪い情報や、他社に比べて見劣りするデータを表に出したくありません。

実態を隠して採用した場合、入社後の信頼関係に悪影響を与えかねませんから、なるべく情報は開示するべきですが、そうしない企業が多いのは事実です。

NAの数でその会社の社風がある程度想像できます。**NAが多い会社は閉鎖的、少ない会社は風通しのよい会社と言えるでしょう。**『就職四季報』ではNAの数によって、企業を5段階で評価し、★の数で表示しています。星が多いほどオープンな企業と言えます。

開示していない項目については、直接質問しよう

ただ、残念なことに人気企業でも★の数が少ないケースをよく目にします。NAになっている欄について知りたい場合は、会社説明会のときに質問してみましょう。企業はマスコミの質問に対して神経質になって回答しない場合があります。しかし、志願学生のみが参加している会社説明会では回答する可能性があります。

NDとは、**No Data の略です。**東洋経済が質問した項目についてデータをまとめていないので、回答できないということです。隠しているのではありません。筆記試験の通過率など集計していないという企業はあります。

また、企業が合併した場合などは前年の採用に関するデータを集計できないということもあります。『就職四季報』全体で見れば、NDの数はNAに比べてかなり少ないです。

情報開示度で社風を知ることもできる

『就職四季報 総合版』のここを見よう！

【業種】 ___ 開示度 ___ ▲『業界地図』P.

社名、特色、上場区分	修士・大卒 採用数	3年後 離職率	有休取得 年平均	平均年収 （平均○歳）
エントリー情報	残業（月）			
試験情報	記者評価			
	給与・休暇			
採用数	従業員数、勤続年数、離職率			
実績校	会社データ			
配属先				

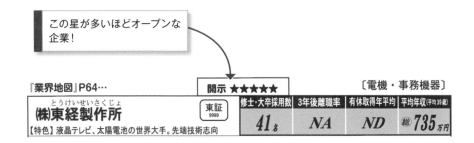

この星が多いほどオープンな企業！

『業界地図』P64…　　開示 ★★★★★　　〔電機・事務機器〕

とうけいせいさくじょ ㈱東経製作所 【特色】液晶テレビ、太陽電池の世界大手。先端技術志向	東証 9999	修士・大卒採用数 41名	3年後離職率 NA	有休取得年平均 ND	平均年収（平均39歳） 総735万円

ポイント

●就活生に対して情報公開が不十分な企業が少なくない。

●どうしても知りたいことがある場合は、直接質問してみよう。

重要度 ★ ★ ★

『就職四季報 総合版』

Point 42 「面接」は重要。企業が公表している回数をチェックして準備しておこう

■ マスコミ、金融は面接回数が多い傾向がある

面接回数が5回を超えることも

　多くの企業が就職試験での「重視科目」として面接を挙げています。総合職だけでなく、技術職志望の学生に対しても面接を重視しています。就活生は面接のことが非常に気になるでしょう。『就職四季報』には面接の回数が記載されています。

　面接回数は平均すると約3回です。**標準的なプロセスとしては1次面接の面接官は人事部の社員で、2次面接は現場の部長クラス、最終面接は役員です。**

　面接が1回で済む企業はほとんどありません。例えば、フジテレビジョンやテレビ東京が5回以上の面接を実施するなど、マスコミは回数が多くなっています。また、金融機関も他業界よりも回数が多い傾向が見られます。

Web面接対策をしっかりと

　就職試験における面接の回数は明確に決まっているわけではありません。会社がもう少し就活生の話を聞きたいと思えば、面接回数は増えます。他社に優秀な学生を取られたくないので、拘束の意味もあって面接に呼び出すこともあるようです。

　就活生からすれば迷惑な話ですが、こればかりはどうにもなりません。何回も呼び出されるのは「内定の可能性が高い」と割り切りましょう。

　新型コロナ感染拡大により多くの企業がWeb面接を実施するようになりました。就職四季報では前年度にWeb面接を実施した場合、「(Webあり)」と表記しています。Web面接では対面式面接と異なるスキルが必要です。大半の大学のキャリアセンターでは対策セミナーを実施しているので必ず受講しましょう。

技術系は面接回数が1～2回少ない

　面接回数は総合職よりも技術職の方が少ない傾向があります。技術系は研究室の推薦を持って就職試験を受けることが多いので、面接回数が1～2回免除されることになります。しかし、多くの企業は技術系にも面接を重視しており、1回で済むことはほとんどありません。**技術系志望の学生もしっかりと面接の準備をしておいてください。**

面接回数の平均は約3回

『就職四季報 総合版』のここを見よう！

【業種】 開示度 ▲『業界地図』P.

社名、特色、上場区分	修士・大卒採用数	3年後離職率	有休取得年平均	平均年収（平均○歳）
エントリー情報	残業（月）			
試験情報	記者評価			
	給与・休暇			
採用数	従業員数、勤続年数、離職率			
実績校	会社データ			
配属先				

5108：ブリヂストン

総合、技術職でそれぞれ回数は違うが、いずれも面接は重要視されている。

試験情報

重視科目 総 技 面接 Webテスト

総 ES NA 筆 WEBテスティングサービス 面 3回（Webあり） 技 ES NA 筆 WEBテスティングサービス 面 1～2回（Webあり）

選考ポイント

総 ES NA（提出あり） 面 学生時代に一番力を入れたことについての取り組み姿勢・考え方・成果 他

技 ES NA（提出あり） 面 学生時代の研究内容および研究以外で力を入れたことについての取り組み姿勢・考え方・成果 他

通過率

総 技 ES NA 筆 NA 倍率（応募/内定） 総 技 NA

ポイント

●多くの企業が就職試験での重視科目として面接を挙げている。
●面接の平均回数は約3回。1次面接の面接官は人事部の社員、2次面接は現場の部長クラス、最終面接は役員。

『就職四季報 総合版』

情報の宝庫である巻頭ランキングにも注目しよう

■ 採用数・新卒定着率・平均勤続年数・平均年収・有休取得などのベスト100ランキングがずらり

ベスト100ランキングを使って、企業研究

　『就職四季報』を手に取ると、まずはほとんどの就活生が自分の注目している会社のページを開くと思います。しかし、**巻頭のランキングもじっくり見てください。**「採用人数ベスト100」「新卒定着率ベスト100」「平均勤続年数ベスト100」「平均年収ベスト100」「有休取得ベスト100」などのランキングが掲載されています。

　企業名の横にはその企業の掲載ページが記されています。ランキングを眺めてから、面白そうな企業のページを開くという企業研究の仕方もあります。**最初にランキングを見ることで、今まで知らなかった会社と出会うことができます。**

　例えば、「新卒定着率ベスト100」を見た場合。このランキングは3年後離職率が低い会社が並んでいます。同率1位の島津製作所は分析計測機器を製造する企業ですが、98人採用して3年間で1人も辞めていません。

　同率1位のグローリーは貨幣処理機の国内トップメーカーで、世界100カ国以上に製品を供給しています。54人入社して1人も辞めていません。両社とも華やかなイメージはなく、就職人気ランキング上位ではありませんが、働きやすい環境なのでしょう。「新卒定着率ベスト100」を見るだけでも、企業選びの幅が広がります。

ランキングから新たな発見もある

　ランキングをチェックすることで、新たな発見をすることもあります。「平均年収ベスト100」を見ると総合商社の存在が目立ちます。三菱商事、伊藤忠商事など大手5社が上位10社に入っているだけでなく、双日が21位、豊田通商が28位となっています。こうした状況は就活生も想像できるでしょう。

　しかし、銀行が見当たりません。就職四季報の本文を見ると三菱UFJ銀行が774万円、三井住友銀行が820万円などとなっています。銀行の年収は世間一般よりも高いものの、ベスト100にランクインするほど高いわけではありません。年収を最優先して志望業界を決めるのならば、銀行以外の業界の方が適していると言えます。

　すぐに個別企業のページを見るだけでなく、巻頭ランキングも是非活用していろいろな企業と出会ってください。

ランキングを活用して未知の企業と出会う

★ 新卒定着率ベスト１００ ★

順位	社　名	業種名	新卒定着率	掲載ページ	順位	社　名	業種名	新卒定着率
1	㈱テレビ静岡	テ レ ビ	100(5/5)	89	1	象印マホービン㈱	電 機・事 務 機 器	100(16/16)
1	朝日放送テレビ㈱	テ レ ビ	100(12/12)	90	1	京セラドキュメントソリューションズ㈱	電 機・事 務 機 器	100(41/41)	333
1	㈱毎日放送	テ レ ビ	100(16/16)	91				
1	関西テレビ放送㈱	テ レ ビ	100(14/14)	92	1	㈱島津製作所	電 機・事 務 機 器	100(98/98)	338
1	RSK山陽放送㈱	テ レ ビ	100(4/4)	93	1	新光電気工業㈱	電子部品・機 器	100(23/23)	349
1	岡山放送㈱	テ レ ビ	100(2/2)	93	1	新電元工業㈱	電子部品・機 器	100(20/20)	356
1	㈱朝日広告社	広 告	100(14/14)	98	1	セイコーホールディングス㈱	電子部品・機 器	100(2/2)	357
1	信濃毎日新聞㈱	新 聞	100(12/12)	106				
1	㈱山陽新聞社	新 聞	100(9/9)	106	1	アンリツ㈱	電子部品・機 器	100(17/17)	362
1	㈱西日本新聞社	新 聞	100(10/10)	107	1	㈱タムロン	電子部品・機 器	100(16/16)	364
1	㈱医学書院	出 版	100(3/3)	112				
1	㈱WOWOW	メディア・映像・音楽	100(8/8)	114	1	㈱アイ・オー・データ	電子部品・	100(8/8)	364

（吹き出し）３年後離職率が低い会社

★ 平均年収ベスト１００ ★

順位	社　名	業種名	平均年収	掲載ページ	順位	社　名	業種名	平均年収	掲載ページ
1	㈱キーエンス	電 機・事務機器	1,839(35.6歳)	337	25	清水建設㈱	建 設	1,106(44.2歳)	575
2	ヒューリック㈱	不 動 産	1,760(39.9歳)	620	27	AGC㈱	ガラス・土石	1,104(43.4歳)	534
3	三菱商事㈱	商社・卸売業	1,632(42.6歳)	176	28	豊田通商㈱	商社・卸売業	1,100(42.1歳)	181
4	伊藤忠商事㈱	商社・卸売業	1,566(41.9歳)	178	29	㈱東洋経済新報社	出 版	1,093(42.8歳)	111
5	朝日放送テレビ㈱	テ レ ビ	1,479(43.6歳)	90	30	アステラス製薬㈱	医 薬 品	1,089(42.9歳)	494
6	丸紅㈱	商社・卸売業	1,453(42.1歳)	180	31	JFE商事㈱	商社・卸売業	1,081(39.9歳)	184
7	住友商事㈱	商社・卸売業	1,437(42.5歳)	179	32	㈱大気社	建 設	1,077(43.6歳)	600
8	三井物産㈱	商社・卸売業	1,393(42.1歳)	177	33	㈱ディスコ	電子部品・機 器	1,075(38.0歳)	369
9	東京建物㈱	不 動 産	1,351(42.3歳)	621	34	オリックス㈱	信販・カード・リース他	1,063(42.0歳)	237
10	住友不動産㈱	不 動 産	1,313(43.1歳)	619	35	森ビル㈱	不 動 産	1,061(42.6歳)	621
11	東京エレクトロン㈱	電子部品・	1,282(44.4歳)	367	36	㈱大林組	建 設	1,058(42.6歳)	572

ポイント

●巻頭ランキングも活用しよう。
●まず、巻頭ランキングを見てから個別企業を探すという企業研究法もある。

重要度 ★ ☆ ☆

『就職四季報 総合版』

Point 44　海外勤務に関心のある就活生は必見の巻末情報

■ 「地域別・採用データ」「博士・高専生の採用情報」「海外勤務情報」をチェック

U・Iターン学生は必読

「地域別・採用データ」には企業の基本情報と採用データが都道府県別に50音順に並べられています。掲載社数は約4,000となります。

例えば、福岡県内に本社のある企業に就職したいならば、福岡県の欄を見ると自分の条件に合った企業があるかどうかすぐに分かります。

自分の大学が所在する地域の企業に就職したい人にはもちろん、U・Iターン就職を希望する学生にも役立ちます。

学卒・院卒以外の採用状況がひと目で分かる

『就職四季報』の巻末にもデータが掲載されているので是非活用してください。

『就職四季報』の読者の大多数は、4年制の大学生と大学院の修士課程の院生だと思います。その他の就活生は企業の採用動向が分からずに苦労しているはずです。各企業に問い合わせれば分かるとしても、1社、1社調べるのはかなり面倒です。

『就職四季報』では、**博士課程や高等専門学校を卒業した学生の採用状況を調査し、過去3年分の採用人数を企業ごとに載せています**。これらの学生は、「博士・高専生の採用情報」の章を見ることで、各社の採用動向をチェックしてください。

海外勤務の状況をチェック

多くの企業がグローバル展開を進めています。少子高齢化*の進む日本国内だけを相手にしていては成長できないからです。今後、海外勤務の機会は増加するでしょうし、赴任先の国の数も増えるでしょう。自分がどの国に赴任する可能性があるのか、気になる就活生は多いと思います。

そこで、海外勤務について関心のある人は、巻末の「海外で働きたい人のための海外勤務情報」という章を見てください。**各企業の海外勤務地と海外勤務人数が載っています**。企業は業界別にわけられていますので、同業他社の状況もよく分かります。

巻末データにも注目

■「海外で働きたい人のための海外勤務情報」

業種別・海外勤務 1,159社

会社名（掲載ページ）		人数計	勤務地とその人数
●テレビ●			
日本放送協会	84	93	米国 欧州 アジア 他
㈱フジテレビジョン	85	20	米国 ロンドン パリ ベルリン カイロ モスクワ 北京 ソウル バンコク
日本テレビ放送網㈱	168	18	米国8 欧州3 アジア7
㈱テレビ朝日	168	16	各支局
㈱テレビ東京	169	11	ロンドン ソウル モスクワ 他各支局
㈱山梨放送	169	0	なし
㈱長野放送	170	0	なし
㈱テレビ静岡	170	1	英国1
㈱静岡朝日テレビ	171	0	なし
東海テレビ放送㈱	171	1	北京1

■「博士・高専・短大・専門生の採用情報」

業種別・博士課程修了予定者を採用する会社

会社名（掲載ページ）		19年	20年	21年	会社名（掲載ページ）		19年	20年	21年
●新聞●					日鉄ソリューションズ㈱	142	1	0	1
読売新聞社	83	1	1	—	富士ソフト㈱	143	1	0	—
㈱北海道新聞社	105	0	0	1	㈱電通国際情報サービス	149	1	0	0
●通信社●					㈱TKC	151	1	0	0
					㈱システナ	152	1	0	0
㈱時事通信社	108	1	0	0	SBテクノロジー㈱	153	1	0	—
●出版●					東芝情報システム㈱	156	1	0	0
学研グループ	110	0	1	0	㈱オージス総研	156	0	2	0
●シンクタンク●					㈱JSOL	157	1	0	4
㈱野村総合研究所	116	2	0	0	㈱シーエーシー	167	0	1	1
㈱三菱総合研究所	117	4	2	4	㈱数理技術サイエンス	167	0	1	1
㈱日本総合研究所	117	0	0	1	●商社・卸売業●				
みずほ情報総研㈱	118	1	0	2	三菱商事㈱	176	0	1	0
					三井物産㈱	177	1	1	0

業種別・高等専門学校生を採用する会社

会社名（掲載ページ）		19年	20年	21年	会社名（掲載ページ）		19年	20年	21年
●広告●					ネットワンシステムズ㈱	144	4	0	1
㈱セプテーニ・ホールディングス	89	1	6	0	NTTコムウェア㈱	144	1	2	1
●新聞●					京セラコミュニケーションシステム㈱	146	15	15	12
信濃毎日新聞㈱	106	1	0	0	㈱トヨタシステムズ	147	5	7	12
●出版●					㈱インテック	148	1	0	0
㈱KADOKAWA	109	3	0	1	㈱NSD	152	0	0	1
学研グループ	110	24	8	10	東芝情報システム㈱	156	0	1	0
●メディア・映像・音楽●					tdiグループ	158	0	0	1
㈱サイバーエージェント	113	4	3	4	㈱オークス	160	0	0	1
●シンクタンク●					トーテックアメニティ㈱	163	0	0	4
㈱日本総合研究所	117	0	0	1	TDCソフト㈱	164	5	3	4
					㈱ソフトウェア・サービス	166	0	0	5
					㈱シーエーシー	167	4	1	1
					AGS㈱	168	0	1	0
					ヤマザキ	169			

＊少子高齢化：少子高齢化の状況については Point 4を参照。

ポイント

●後半部分と巻末にもさまざまなデータや情報を掲載。
●博士課程や高等専門学校生の採用情報も掲載。

『就職四季報 女子版』

Point 45 女子が結婚しても 長く働きやすい会社とは？

■ 「勤続」「3年後離職率」「既婚率」〈くるみんマーク〉をチェック

女子社員の居心地は「勤続」「既婚率」「3年後離職率」で分かる

『就職四季報 女子版』に掲載されている「勤続」、「既婚率」、「3年後離職率」は**女子社員のみを対象にした数字**です。男女合わせた全体では数字がよくても、女子社員だけで見ると数字が悪いのでは、女子にとって意味がありません。女子学生はこの欄を必ずチェックしましょう。

「勤続」は女子社員の平均勤続年数を表します。基本的に、居心地のよい企業ならば社員は辞めません。**単純に言えば、この勤続年数が長い企業は女子が就職するのに適した企業と言えるでしょう。**

「3年後離職率」は入社した女子正社員のうち何％が3年以内に離職したのかを示しています。新卒社員が短期間のうちに大量に辞める会社は、何らかの問題を抱えていると見た方がいいでしょう。

さらに注目のデータは「既婚率」です。これは結婚後も働いている女子社員がどれだけいるのかを表します。**一般的に既婚率が高い企業は、女性にとって働きやすい企業と言えます。**既婚率が低いということは、「結婚する相手を探す時間もないほど忙しい」、または、「仕事と家庭生活を両立することが難しい」という状況が想像できます。

ただ、**既婚率は高いのに、勤続年数が短い場合もあるので注意してください。**こうした場合は、「結婚してからも働き続けるが、子どもができると退職することが多い」ということが考えられます。つまり、「仕事が忙しすぎて育児の余裕がない、または、会社の子育て支援が不十分」という可能性があるのです。

〈くるみんマーク〉があれば政府公認の「子育て支援企業」

子育てをしやすい会社かどうかは、社名の横に〈くるみんマーク〉があるか否かで判断することができます。

企業が従業員の子育て支援のための行動計画を策定・実施すると、厚生労働大臣から「次世代育成支援対策に取り組んでいる企業」と認定を受けることができます。この認定を受けていることを示すのが〈くるみんマーク〉です。〈くるみんマーク〉を付けている企業は政府認定の「子育て支援企業」なのです。

女子版には女子のみを対象にしたデータが満載

『就職四季報 女子版』のここを見よう！

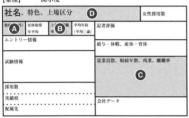

【業種】　　開示度	
社名、特色、上場区分　**D**	女性採用数
勤続**A**　有休取得**B**　平均年収	記者評価
エントリー情報	給与・休暇、産休・育休
試験情報	従業員数、勤続年数、残業、離職率　**C**
採用数	
実績校	会社データ
配属先	

離職率が高ければ、
その原因を確認。

A 勤続(女性)	有休取得年平均	**B** 3年後離職率(女性)	平均年収(平均42歳)
17.2年	**14.0**日	5.2 → **12.5**%	**1,393**万円

女性にとって居心地がいい
会社かどうかが分かる！

全女性社員の40%
が既婚者

C

【男女別従業員数、平均年齢、平均勤続年数】計 5,676
（42.1歳 18.4年）男 4,050（42.7歳 18.8年）女 1,626（40.5
歳 総13.3年 般19.0年）【勤務時間】9:15～17:30（時差
出勤制度あり）【月平均残業時間と支給額】19.1時間、NA
【女性の役職者数】238名（男女計3,420名）【女性の既婚
率と既婚者数】40.0%、650名【子を持つ女性】416名
【研修制度】1年目：新人導入研修 基礎業務研修 他／2
～5年目：海外派遣プログラム 特定スキル強化研修 節
目研修 他【メンター制度】あり

D

みつい ぶっさん
三井物産㈱
【特色】財閥系総合商社。鉄鉱石や原油、LNGに強み

東証
8031

国が認める子育て支援企業である
ことを示す〈くるみんマーク〉

ポイント

●女子の勤続年数が長い会社は女子にとって居心地のよい会社。
●〈くるみんマーク〉がある会社は子育てがしやすい。

『就職四季報 女子版』

Point
46　働きながら出産、子育てができる企業か?

■ 法律を上回る制度があるか、実際に利用している社員が多いのか をチェック

実際に産休を利用した人数をチェックしよう

　就活で内定を獲得するのは大変ですが、その後長く勤務し続けるのはもっと大変かもしれません。

　結婚、出産をしても安心して働き続けることができる企業を選ぶにはどうしたらいいでしょうか。それにはまず、『就職四季報 女子版』の【産休期間と取得者数、給与】を見ましょう。産前6・産後8週間とは出産の6週間前から出産後8週間まで休めるということを意味します。

　労働基準法では産前6・産後8週間と決められていますが、最近は産前8・産後8週間の企業が増えてきました。また、労働基準法では産休期間中は、健康保険から休業前給与の3分の2が支払われることになっています。最近は休業前の給与と同額を支払う会社もあります。

　しかし立派な制度があっても、それを利用しづらい雰囲気があって実際に利用されていないのならば、何もないのと同じです。『就職四季報 女子版』では1年間に産休を利用した人数も掲載しています。女子社員の数にもよりますが、ある程度の利用数があれば安心して利用することができるということになるでしょう。同業他社または女子社員数が同程度の企業と比較してみてください。

育児と勤務の両立は可能か?

　次にチェックすべきは【育休期間と取得者数、給与】です。育児介護休業法によって、子どもが満1歳になるまで(特別な事情がある場合は2歳になるまで)育児休業を取得することができます。育休開始から6ヶ月までは雇用保険から休業前給与の67%、6ヶ月経過後からは50%の金額をもらうことができます。育児休業も会社によっては、法律以上の条件をそろえていることがあります。また、産休同様に利用人数もチェックするべきです。

　『就職四季報 女子版』でチェックすべきポイントは、①法律を上回る産休・育休制度があるかどうか、②実際に産休・育休を利用している社員が多いのかどうかです。

産休と育休の内容をしっかり把握しよう

『就職四季報 女子版』のここを見よう！

【業種】　開示度

社名、特色、上場区分				女性採用数
勤続（女性）年平均	有休取得年平均	3年後離職率（女性）	平均年収（平均○歳）	記者評価
エントリー情報			給与・休暇、産休・育休	
試験情報			従業員数、勤続年数、残業、離職率	
採用数				
実績校			会社データ	
配属先				

妊娠したらどのくらい
休めるか？

●給与、ボーナス、週休、産休・育休ほか●

【大卒初任給】総 232,000円【平均年収】1,150万円【ボーナス（年）】NA【25、30、35歳賃金】NA【週休】2日【夏期休暇】有休で取得【年末年始休暇】12月31日〜1月3日【産休期間と取得者数、給与】産前6・産後8週間、64名、法定【育休期間と取得者数、給与】3歳になるまで、173名（うち男101名）、最初5日間有給、以降給付金

育児と仕事の両立
はできそうか？

サントリーホールディングス

ポイント

●法律を上回る産休・育休制度があれば、とりあえず安心。
●立派な制度があっても、利用しにくい雰囲気の会社もあるので注意。

重要度 ★★★

『就職四季報 女子版』

Point 47 — 女性がキャリアアップできる企業か?

■ 女性に大きな仕事、重要な仕事を担当させている会社をチェック

女性にチャンスを与える企業か?

　採用の形態がいくつかにわかれていることがあります。そこで、【男女・職種別採用実績】をチェックしてください。『就職四季報 女子版』には総合職、エリア総合職、一般職（事務職）など職種ごとの男女別採用数が掲載されています。女子採用が多いと思ったら、一般職が多くて総合職は少ないというケースもあります。**いくら女子採用が多くても、希望する職種の採用が少ないならば意味がありません。**

　例えば「女性採用数ベスト100」で1位の住友生命保険の場合、2020年に女子を607人採用しましたが、そのうち総合職は15人にすぎません。3位の東京海上日動火災保険は女子採用426人中、総合職は31人です。

　キャリアアップ志向の強い女性は増えていますが、女性が昇進しづらくて、大きな仕事を任せてもらえない企業は少なくありません。そこで、女性にチャンスを与えてくれる会社かどうかをチェックするポイントについて解説します。

女性役職者比率の平均は 14.8%

　まずは、【女性の役職者】を見てください。左側の数字が女性役職者数で（　）内が男女合計の役職者数です。女性の役職者数が役職者数全体の何%なのか計算してみましょう。業界や会社によって数字が大きく違うことが分かるはずです。

　内閣府の調査によると、日本の女性役職者比率の平均は 14.8% です。今後この比率はもっと上昇するでしょうが、**現時点において女性役職者比率が 14.8% を下回る企業は、女性にチャンスを与えていない企業と言えるでしょう。**

　次に、【女性の最高役職】をチェックしましょう。過去5年間に女性が就いた一番高い役職を掲載しています。女性が役員まで昇進する会社がある一方で、課長止まりという会社もあります。

　女性の役職者が多く、しかも高い地位まで昇進しているならば、女性に大きな仕事、重要な仕事を担当させている会社ということになります。

　ただし女性役職者が少なく、最高役職の地位が高くない場合でも女性の勤務条件が悪いとは限りません。

女性の活躍度をチェック

『就職四季報 女子版』のここを見よう!

【業種】　開示度

社名、特色、上場区分				女性採用数	
勤続(女性) 年平均	有休取得 率(女性)	3年後離職 率(女性)	平均年収 (平均○歳)		
エントリー情報			給与・休暇、産休・育休		
試験情報			従業員数、勤続年数、残業、離職率		
			Ⓑ		
採用数　Ⓐ 実績校 配属先			会社データ		

希望職種に女性が採用されているかをチェック!

$$\frac{\text{女性役職者}}{\text{役職者全体}} \times 100$$

が 14.8%以上なら平均以上。

Ⓐ ●女性から見た採用・配属情報●

【男女・文理別採用実績】

	大卒女	大卒男	修士女	修士男
19年	31(文 30 理　1)	81(文 67 理 14)	0(文　0 理　0)	17(文　1 理 16)
20年	36(文 36 理　0)	71(文 65 理　6)	0(文　0 理　0)	13(文　0 理 13)
21年	35(文 32 理　3)	64(文 54 理 10)	2(文　0 理　2)	17(文　1 理 16)

【男女・職種別採用実績】　　　　転換制度:⇔

	総合職	事務職
19年	118(男 98 女 20)	11(男　0 女 11)
20年	106(男 84 女 22)	14(男　0 女 14)
21年	105(男 81 女 24)	13(男　0 女 13)

【21年4月入社女性の採用実績校】

㊲(院)筑波大 京大各1 (大)慶大5 早大4 上智大 東京外大 阪大各2 東大 ICU アルバータ大 立命館大 トロント大 サイモンフレーザー大 サセックス大各1 ＊計14校

㊖(大)慶大3 早大 立教大 明大各2 上智大 青学大 学習院大 東京女大各1 ＊計8校

新卒採用の
男女比　■女□男　女31%

従業員の
男女比　■女□男　女23%

【20年4月入社女性の勤務地】
㊲東京22 ㊖東京14

【20年4月入社女性の配属部署】
㊲営業16 職能6 ㊖営業9 職能5

8001:伊藤忠商事

女性役職者
役職者全体 × 100

Ⓑ 従業員数、勤続年数、残業、離職率ほか

【男女別従業員数、平均年齢、平均勤続年数】計 4,261 (41.9歳 17.8年)男 3,267(42.0歳 17.6年)女 994(41.8歳 ㊲11.6年 ㊖21.0年)【勤務時間】9:00〜17:15 【月平均残業時間と支給額】35.4時間、NA 【女性の役職者数】209名(男女計2,566名)【女性の既婚率と既婚者数】43.8%、435名【子を持つ女性】286名
【研修制度】1年目:新入社員研修 語学研修 貿易実務 実務法務 経理財務 PC検定／2〜5年目:新人海外派遣制度(入社8年以内に全員)海外実務実習 4年目研修 語学レッスン 【メンター制度】あり
【女性の最高役職】執行役員
【男女別離職率と離職者数】男:1.2%、39名 女:2.4%、24名【3年後新卒定着率】93.3%(男94.2%、女89.7%、3年前入社:男121名・女29名)

どこまで昇進しているのか?をチェック!

ポイント

● 女子は採用形態がいくつかにわかれている企業が多い。

● 会社によっては、女性が役職者になりにくい。

● 女性役職者比率が低い会社の女性の勤務条件が悪いとは限らない。

『就職四季報 女子版』

Point 48 女性を活用して昇進させる企業や業界を
チェックする

■ 女性の役職者比率は業界や企業によって大きな差がある

女性役職者比率は企業によって大きく違う

　女性の役職者比率は業界や企業によって大きな差があるので、**実際の業界と社名を挙げながら説明します**。

　百貨店は女子社員の多い業界ですが、女性役職者比率はどのような状況にあるのでしょうか。高島屋は男性を含む役職者の合計 1,418 人中、女性役職者は 460 人となっています。女性比率は 32.4％です。女性の働く部門が多いことから女性比率が高くなっています。しかし、大丸松坂屋百貨店は 21.6％、阪急阪神百貨店は 13.0％となっており、同業他社の中でも差があることが分かります。**阪急阪神百貨店は日本の女性役職者比率の平均（14.8％）を下回っています**。

　総合商社や建設会社は女性比率が低くなっています。例えば、総合商社の丸紅では役職者総数 2,537 人に対して、女性役職者は 142 人にすぎません。比率は 5.6％です。

　また、建設大手の鹿島は役職者総数 5,364 人に対して、女性役職者は 118 人です。比率は 2.2％です。社員全体の男女比率は男 84％、女 16％と男性が多い会社ではありますが、それにしても女性役職者が少なすぎます。

【女性の最高役職】がNAの企業も

　『就職四季報 女子版』をめくっていくと【女性の役職者】をNAとしている企業があることに気付きます。おそらく女性役職者が極めて少ないので、NAとしているのでしょう。

　また、女性役職者の人数は明らかにしておきながら、役職者全体の人数をNA*にして、女性比率を計算できないようにしている企業もあります。

　【女性の最高役職】には、過去5年間での女性社員の最高役職が記載されています。サントリーホールディングスのように取締役に就任している企業もあれば、課長という企業もあります。【女性の役職者】をNAにしている企業は**最高役職が課長にすら達していないのかもしれません**。

女性が活躍できる企業なのか？

『就職四季報 女子版』のここを見よう！

【業種】　開示度

社名、特色、上場区分				女性採用数
勤続（女性）年平均	有休取得率	3年後離職率	平均年収（女性）	
エントリー情報			記者評価	
試験情報			給与・体暇、産休・育休	
採用数			従業員数、勤続年数、残業、離職率	
実績校				
配属先			会社データ	

> 女性役職者が、役職者全体のうち何％を占めるのかチェック！

●従業員数、勤続年数、残業、離職率ほか

【男女別従業員数、平均年齢、平均勤続年数】計 7,887（44.2歳 18.5年）男 6,610（44.8歳 18.6年）女 1,277（41.1歳 総7.0年 般22.9年）【勤務時間】8:30〜17:30
【月平均残業時間と支給額】40.7時間、NA【女性の役職者数】118名（男女計5,364名）【女性の既婚率と既婚者数】57.3％、732名【子を持つ女性】477名
【研修制度】1年目：入社時 半年経過後（職種別）／2〜5年目：社内外研修（年次・職種別の各種）国内外留学 各種e-learning研修 他【メンター制度】あり
【女性の最高役職】部長
【男女別離職率と離職者数】男：1.0％、66名 女：0.9％、11名【3年後新卒定着率】95.7％、男95.1％、女97.7％、3年前入社：男164名・女43名）

> NA の場合、女性役職者がゼロということも。

1812：鹿島

＊ NA：No Answer の略。東洋経済の取材・アンケートに対して回答を拒否したことを示す。

ポイント

- **女性役職者比率は業界や企業によって大きな差がある。**
- **【女性の最高役職】がNAの企業では、最高役職が課長にも達していない可能性がある。**

重要度 ★ ★ ☆

『就職四季報 女子版』

Point 49
総合職か一般職か、どちらにするか迷ったら？

■ 【職種併願】「転換制度」をチェック

総合職と一般職の併願はできるのか？

　総合職と一般職のどちらを選べばいいのか、頭を悩ませる女子学生は少なくないことでしょう。総合職とは、人事異動や転勤があり、仕事内容や待遇などは男子と同じです。実績を上げれば男女の区別なく昇進できる職種です。一般職とは転勤がなく、待遇面では総合職に劣り、定型・補助的な業務を担当する職種です。昇進は限られています。

　総合職と一般職の両方を受けたいと思う女子学生もいるでしょう。**併願できるかどうかは、【職種併願】をチェックします。**併願できる場合は「○」、または併願の条件が書かれています。併願不可の場合は「×」となっています。

キャリアコースの転換は可能かどうかチェックする

　総合職で入社したものの、一般職に変わりたいと思うことがあるかもしれません。また、その逆もあるでしょう。途中でキャリアコースを転換できれば無理なく仕事を続けていくことができます。

　キャリアコースの転換ができるかどうかは「転換制度」を見れば分かります。「⇔」となっていれば、「双方向に転換可能な制度がある」ということを示します。「総合職から一般職への転換もその逆も可能」といった制度です。**「⇒」となっていれば、「一方向に転換可能な制度がある」**ということを示します。例えば、「一般職から総合職への転換は可能だが、その逆はできない」という制度です。

　転換の内容については巻末の「柔軟に働きたい人のための職種転換ができる職種」で確認してください（Point51 参照）。

大手企業の一般職は難関

　「総合職での入社は難しいが、一般職入社は簡単」というイメージがありますが、実はそうではありません。以前は短大卒や中堅女子大卒の就職する職種と見られていましたが、最近では**上位校の女子学生の間で一般職人気が高まっています。**

　中堅企業の総合職よりも大手企業の一般職を選ぶ女子学生は珍しくありません。大手企業の方が人に勤務先を言うときに誇らしいですし、福利厚生も充実しているので大手の一般職を選ぶようです。大手企業の一般職は難関です。

キャリア選択の幅が広い会社と狭い会社がある

『就職四季報 女子版』のここを見よう！

【業種】　　開示度

社名、特色、上場区分				女性採用数
勤続(女性) 年平均	有休取得 年平均	3年後離職 率(女性)	平均年収 (平均○歳)	記者評価
エントリー情報　Ⓐ				給与・休暇、産休・育休
試験情報				従業員数、勤続年数、残業、離職率
採用数　　Ⓑ 実績校 配属先				会社データ

8053：住友商事

Ⓐ

●エントリー情報と採用プロセス●

【受付開始〜終了】㋚3月〜7月【採用プロセス】㋚<6月選考>筆記→面接(複数回)→内々定<デザイン選考・夏季基幹職選考>筆記→GW 他(複数回)→内々定【インターン経由の選考】㋚なし【職種併願】○

エントリーのときに総合職と一般職を併願できるのか。

Ⓑ

●女性から見た採用・配属情報●

【男女・文理別採用実績】※21年：予定数

	大卒女	大卒男	修士女	修士男
19年	52(文 49 理　3)	53(文 42 理 11)	5(文　4 理　1)	15(文　1 理 14)
20年	49(文 47 理　2)	42(文 36 理　6)	6(文　4 理　2)	13(文　3 理 10)
21年	46(文 40 理　6)	40(文 35 理　5)	5(文　4 理　1)	15(文　5 理 10)

【男女・職種別採用実績】

	総合職	一般職
19年	99(男 68 女 31)	26(男　0 女 26)
20年	84(男 55 女 29)	26(男　0 女 26)
21年	80(男 55 女 25)	26(男　0 女 26)

転換制度：⇔

2768：双日

入社後に、キャリアコースの転換は可能か？

ポイント

●総合職と一般職を併願可能な企業と、そうでない企業がある。

●入社後に職種変更が可能な企業と、そうでない企業がある。

●大手企業の一般職入社は簡単ではない。

『就職四季報 女子版』

Point 50 巻頭ランキングの中から志望企業を選ぶ

■ 「女性既婚率ベスト100」「女性社員比率ベスト100」をチェック

結婚後も働けるのかチェック

　「女性既婚率ベスト100」では女性正社員で結婚している人の比率が高い順番に企業を並べています。女性既婚率は、**女性正社員の中の既婚者÷女性正社員総数×100**で算出しています。

　全ての既婚者が子どもを持っているわけではありませんが、既婚率の高い企業は子育てをしやすい企業である可能性が高いです。例えばランキング1位のサンデンホールディングスの場合、女子社員171名のうち90.6%の155名が既婚者です。【子を持つ女性】が131名なので女性既婚社員の85%は子どもを持っています。同社の子育て支援は充実しているはずです。その証拠に同社は〈くるみんマーク〉（Point45を参照）を取得しています。

　また、若いうちに退職して、その後、パートや派遣で働くという働き方もあるでしょう。しかし、定年まで正社員として勤務した場合と、若いうちから非正規で働いた場合を比べると**生涯賃金で1億円以上の差がつくこともあります**。人生においてお金が全てではありませんが、びっくりする金額です。

女性社員比率が高ければいいとは限らない

　「女性社員比率ベスト100」は全社員に占める女性の比率が高い企業を並べた**ランキング**です。女性だからこそ女性が多い会社で働きたい人もいれば、同性が多いとかえって息が詰まるという人もいるでしょう。女性社員の比率が気になる人はこのランキングを見てください。

　ランキングの上位3社は女性向けファッション・ジュエリーチェーンです。こうした小売業の場合、店舗は女性社員ばかりでも、本社は圧倒的に男性が多いということもあり得ます。男女比率は部署によっても異なることを覚えておいてください。こうした状況についてはOB・OG訪問や会社説明会で確認しておきましょう。

　また、**女性比率が高いからといって、特に女性の勤務条件がよいとは限りません**。ちなみに上位3社の産休や育休条件は、労働基準法や育児介護休業法と同レベルであり、特に手厚い精度があるわけではありません。

女性が気になる項目をランキング

★ 女性既婚率ベスト１００ ★

順位	社 名	業種名	既婚率	掲載ページ	順位	社 名	業種名	既婚率	掲載ページ
1	サンデンホールディングス㈱	自動車部品	90.6	362	26	東芝情報システム㈱	システム・ソフト	62.5	141
2	中部電力㈱	電力・ガス	79.7	600	26	ＳＭＫ㈱	電子部品・機器	62.5	333
3	㈱ミツトヨ	機械	76.9	407	28	ユニアデックス㈱	システム・ソフト	62.3	131
4	石油資源開発㈱	石油	76.8	607	29	カルビー㈱	食品・水産	62.2	450
5	ジヤトコ㈱	自動車部品	74.3	375	30	㈱中電工	建設	62.0	575
6	㈱医学書院	出版	71.4	98	31	大同特殊鋼㈱	鉄鋼	◇	
7	花王㈱	化粧品・トイレタリー	70.4	428	31	フォスター電機㈱	電子部品・機器		
8	東京電力ホールディングス㈱	電力・ガス	66.6	592	33	東洋エンジニアリング㈱	建設		
9	ＪＳＲ㈱	化学	◇66.2	482	33	富士電機㈱	電機・事務機器		
10	㈱日立物流	運輸・倉庫	66.1	681					

女性正社員で結婚している人の比率が高い順に掲載。

★ 女性社員比率ベスト１００ ★

順位	社 名	業種名	社員比率	掲載ページ	順位	社 名	業種名	社員比率	掲載ページ
1	㈱ハニーズ	その他小売業	98.1	642	26	㈱ベネフィット・ワン	その他サービス	58.8	727
2	㈱ヴァンドームヤマダ	その他小売業	94.9	644	27	㈱アトレ	不動産	58.6	588
3	㈱レリアン	その他小売業	94.7	643	28	明治安田生命保険㈶	生保	58.1	270
4	㈱クレディセゾン	信販・カード・リース他	73.6	288	29	大樹生命保険㈱	生保	57.5	273
5	日本調剤㈱	家電量販・薬局・ＨＣ	70.2	638	30	ＳＯＭＰＯひまわり生命保険㈱	生保	57.0	275
6	㈱ファーストリテイリング	その他小売業	69.7	642	31	㈱高島屋	デパート	56.7	612
7	日本マスタートラスト信託銀行㈱	銀行	69.6	227	32	㈱福井銀行	銀行		
8	日本生命保険㈶	生保	69.3	219	33	三井住友信託銀行㈱	銀行		
9	㈱ポーラ	化粧品・トイレタリー	69.0	462	34	アイリスオーヤマ㈱	その他メーカー		
					34	(学校法人)慶應義塾	人材・教育	55.9	664

全社員に占める女性の比率が高い順に掲載。

ポイント

● 非正規と正規では生涯賃金で１億円以上の差がつく場合も。

● 女性比率が高いからといって、特に女性の勤務条件がよいとは限らない。

『就職四季報 女子版』

Point 51 短大・専門生は必読！
巻末データも活用しよう

■ 「短大・専門生の採用情報」「職種転換」「住宅補助制度」「えるぼし」

「短大・専門生の採用情報」

『就職四季報 女子版』には巻末にもデータが掲載されています。巻末には役に立つデータが満載なのですが、見過ごしてしまう女子学生は少なくありません。とてももったいないことです。

最近は短大の数自体が減っているので、短大生向けの就活情報を集めるのは大変です。また、専門学校の学生も就活情報の収集には苦労していることでしょう。**短大生や専門学校生は「短大・専門生の採用情報」を見てください。**過去3年間の採用状況がひと目で分かります。

「柔軟に働きたい人のための職種転換ができる職種」

女子の場合、採用の時点で一般職と総合職に分かれている企業が少なくありません。特に商社や金融関連企業では分かれているケースが多いようです。しかし、総合職で入社しても、家庭の事情などで転勤のない一般職に転換したくなることがあるでしょう。

また、一般職で入社したものの、幅広い仕事がしたくなって総合職への転換を希望することもあり得ます。転換することが可能な企業とそうでない企業があります。この欄を見れば各企業の転換制度の内容と利用者数が分かります。

「自宅外通勤の女性のための住宅関係の補助制度」

自宅以外から通勤する場合は、住む場所を確保しなければなりません。入社したばかりで給料が安いうちに家賃を支払うのは負担ですが、**安全を考えると家賃金額だけで家を決めるわけにもいきません。**会社からの補助は重要です。この欄で住宅関連の補助内容を調べてください。

「えるぼし認定」とは、厚生労働大臣が女性の活躍状況が優良な企業に与える認定のことです。えるぼしマークの使用を認められている企業は公式に「女性活躍企業」と認められたことになります。就職四季報女子版には業種別にえるぼし認定企業が掲載されています。

短大・専門生向けデータも充実

■「短大・専門生の採用情報」

業種別・短大生を採用する会社 318 社

会社名 　(掲載ページ)		19年	20年	21年	会社名 　(掲載ページ)		19年	20年	21年
●出版●					㈱トーホー	195	2	0	0
学研グループ	96	12	3	7	㈱マルイチ産商	195	1	6	1
●通信サービス●					カナカン㈱	197	0	1	0
㈱ティーガイア	119	3	2	5	横浜冷凍㈱	197	4	3	0
コネクシオ㈱	120	18	19	—	国際紙パルプ商事㈱	200	0	1	0
●システム・ソフト●					興和㈱	203	2	1	1
富士ソフト㈱	128	3	2		岩谷産業㈱	207	0	0	1
ＧＭＯインターネット㈱	130	0	3	2	●銀行●				
					㈱ゆうちょ銀行	223	1	2	—

■巻末「柔軟に働きたい人のための職種転換ができる職種」

業種別・転換可能職種 561 社

会社名 　(掲載ページ)		方向	転換可能職種	利用者数
●住宅・医療機器他●				
ホーチキ㈱	350	双方向	全職間	1
アイホン㈱	351	双方向	総合職と一般職	0
シスメックス㈱	353	双方向	総合職と業務職	15
日本光電	353	一方向	転勤制限社員から総合職	26
日機装㈱	354	一方向	専任職から総合職 特定職から専任職	9
●自動車部品●				
㈱デンソー	301	一方向	実務職(一般職)から総合職	10

■巻末「自宅外通勤の女性のための住宅関係の補助制度」

業種別・住宅補助 1,151 社

会社名 　(掲載ページ)		住宅補助の内容
アフラック生命保険㈱	271	住宅手当(全国コースのみ)
ソニー生命保険㈱	271	独身寮 借上社宅
大同生命保険㈱	272	独身寮(首都圏1、近畿2、約80名利用、全国型のみ)　通勤可能圏内に自宅または独身寮がない場合は、代用社宅に入居可(約1,350名利用、全…
大樹生命保険㈱	273	独身寮 社有・借上社宅(全国、総合職のみ)
アクサ生命保険㈱	273	独身寮制度 社宅制度
太陽生命保険㈱	274	社有社宅(首都圏17棟 関西圏9棟 他全国22棟)　代用社宅
三井住友海上あいおい生命保険㈱	274	＜全国転勤型＞借上社宅 家賃補助＜地域限定型＞住宅費用補助(条件あり)
ＳＯＭＰＯひまわり生命保険㈱	275	借上社宅(毎月の家賃のうち、条件により4.8万～11.2万を会社負担)住宅手当
朝日生命保険(相)	276	独身寮 社宅(全国完備、総合職・総合職(首都圏型)が対象)
オリックス生命保険㈱	276	借上社宅制度(通勤時間等の一定の要件を満たす社員)

> 自宅外通勤する女性は必見！

ポイント

●巻末データも活用しよう。

●短大生や専門学校生は「短大・専門生の採用情報」をチェックすること。

『就職四季報 優良・中堅企業版』

Point 52 『就職四季報 優良・中堅企業版』で有望企業を見つけよう

■ 業種、社名、上場区分から分かること

業種ごと、地域ごとに 4,617 社を掲載

『就職四季報 総合版』や『就職四季報 女子版』に掲載されているのは上場企業または上場に準じる企業ですが、中堅企業に関する情報は『就職四季報 優良・中堅企業版』に載っています。

2022 年版の場合、前半部分には業種別に 2,571 社、後半部分には地域別に 2,046 社、合計 4,617 社が掲載されています。

Uターン、Iターン就職を希望する就活生や地方在住の就活生にも便利な構成になっています。

業種・社名で分かること

まず各ページの上部に業種が記されています。就活生は中堅・中小企業の名前をよく知らないでしょうから、業種を絞ってから企業を探すと効率的です。

社名を見ると会社のことがよく分かります。社名の頭に三菱とあれば三菱グループ、三井とあれば三井グループの企業である確率が高くなります。しかし、そうではないこともありますので注意してください。

例えば、三菱鉛筆は三菱グループではないし、三井ハイテックは三井グループではありません。【株主】でチェックしてください。

また、社長や大株主の名字を社名に使用している場合は同族企業ということが多いです。同族企業には入社することはできても、社長になることはかなり難しいでしょう。上昇志向の強い人には向かないかもしれません。

「株式公開いずれしたい」マークは有望企業の可能性が高い

大企業＝上場企業ではありませんし、中堅企業＝未上場企業でもありません。大企業か中堅企業かというのは規模の問題であって、上場の有無とは関係ありません。中堅企業であっても、上場しているならば審査基準*をクリアした企業です。規模は大きくなくても優良企業である可能性があります。

上場＝株式公開です。「株式公開いずれしたい」としている企業は上場に向けて体制を徐々に整えているでしょうから、有望企業である可能性が高いと言えます。

優良・中堅企業を探すポイント

『就職四季報 優良・中堅企業版』のここを見よう！

【業種】

社名、株式公開計画	採用数	3年後離職率	有休取得年平均	平均年収
従業員、待遇	【本社】【特色・近況】			
新卒定着状況	【事業】			
採用情報	【設立】【資本金】【社長】【株主】			
	【業績】			

各ページの上に業種が記載されている。
業種を絞って企業を探してみよう。

【機械】

にの みや さん ぎょう 二 宮 産 業	株式公開 いずれしたい	採用予定数	3年後離職率	有休取得年平均	平均年収
		6名	*60%*	*16.6日*	・・

「株式公開いずれしたい」企業は、
上場に向けて社内体制を整備し
ている可能性がある。

＊審査基準：上場するためには会社規模、利益水準、社内管理体制などで一定の基準を満たさなくては
ならない。

ポイント

● 『就職四季報 中堅企業版』中堅企業約4,600社の情報が掲載。
● 株式公開を目標としている企業は有望企業の可能性大。

『就職四季報 優良・中堅企業版』

Point 53 採用人数が少ない中堅企業の採用数の読み方を知ろう

■ 「3年後離職率」は3年前入社人数と併せてチェック

採用数に関する表示は3通り

　採用数について総合版や女子版では「修士・大卒採用数」と記載していますが、『就職四季報 中堅・中小企業版』では企業によって表記の仕方が異なるので分かりにくいかもしれません。そこで、採用数について整理しておきます。

　例えば、2020年11月に発行された『就職四季報 優良・中堅企業版』の場合、**「採用予定数」**とは2021年卒の採用予定数です。**調査時点で採用活動継続中です。** **「採用内定数」**とは2021年卒の内定確定数を表します。そして**「採用実績数」**とは2020年卒で実際に採用した人数です。調査時点では既に社員となっています。

　中堅企業は未上場企業が多く、情報開示が不十分です。はっきりした予定数が分からない場合は2020年卒の採用実績数を掲載することにしています。

「3年後離職率」が30％を超える企業には注意

　採用数の表記の仕方は3通りですが、とにかくこの欄の数字が大きければ入社しやすいということになります。しかし、世の中には大量採用・大量退職という企業があるので気を付けましょう。

　それをチェックするのが、隣の欄の「3年後離職率」です。ここでは2017年4月1日入社者が2020年4月1日までに何％退職したのかを表しています。

　厚生労働省の職業安定業務統計によれば、就職してから3年間の平均離職率は大卒で約30％なので、**30％を超える企業は離職率が高いと言えます。**

　しかし、中堅企業は採用人数が少ないため、少し辞めただけでも数字が大きく変動するので注意してください。例えば、新入社員が1人しかいない企業で、その1人が3年以内に退職してしまえば「3年後離職率」は100％です。**3年後離職率を見るときは、「3年前入社」の人数も併せてチェックしてください。入社者が少ない場合に率が上がるのはやむを得ません。**

　会社側からの回答がなかった場合は「‥」と表示しています。率が高いので、東洋経済の質問に回答しなかった可能性があります。また3年前入社数がゼロの場合は「－」と表示されています。

採用人数が多いだけでは安心できない

『就職四季報 優良・中堅企業版』のここを見よう！

【業種】

社名、株式公開計画	部 Ⓐ 3 Ⓑ 有休取得 年平均	平均年収
従業員、待遇	【本社】 【特色・近況】	
新卒定着状況　Ⓒ	【事業】 【設立】【資本金】	
採用情報	【社長】 【株主】 【業績】	

Ⓐ 採用予定数	Ⓑ 3年後離職率	有休取得年平均	平均年収
10名	**0**%	**13.5**日	総 **712**万円

Ⓐ
ここには、
・採用予定数
・採用内定数
・採用実績数
いずれかを記載！

30%を超えていたら高い。
中小企業の場合は、採用人数と
併せてチェック。

Ⓒ ●新卒定着状況●
【3年後新卒定着率】100%（男子100%・女子100%、3
年前入社：男子16名・女子1名）

シチズンマシナリー

ポイント

●大量採用・大量退職という企業がある。
●「3年後離職率」を見るときは、「3年前入社」の人数もチェックすること。

『就職四季報 優良・中堅企業版』

> **Point**
> **54**　　会社にとって、自分は求められる人材か？

■ 採用枠の小さい中堅企業ならではの事情をチェック

中堅企業ではターゲットとする人材以外は採用されない傾向がある

　総合版や女子版と同様に採用状況には3年間分のデータが載っています。毎年安定的に採用している、または採用数が少しずつ増えているという会社は有望です。ある年だけ人数が多いというのは、その前に大量退職があったなどの事情があるかもしれません。

　一方で、業績の回復を受けて採用数を増やすということもあり得ます。いずれにしても採用数が大きく変動しているときは、その理由を会社説明会やOB・OG訪問で確認した方がいいでしょう。

　また、男女、文理別などの内訳を見て、自分が採用されやすい人材かどうかを確認してください。企業によって女子は文系しか採用しない、男子採用数が女子よりも圧倒的に多いなどの傾向があります。もし、自分が興味を持った企業が自分にとって入りにくそうな場合は、どのような人材を採用したいのか、電話、メール、説明会などで企業に直接問い合わせた方がいいと思います。

　中堅企業の採用枠は小さいので、企業がターゲットとする人材以外は採用されない確率が高いのです。

男女別の定着率もチェック。特に女子の定着率に注目

　採用された社員がきちんと定着しているかも重要です。100%から3年後離職率を引いたものが【3年後新卒定着率】です。全体の数字だけでなく、男女別の定着率にも注目してください。定着率に大きな差がある場合は、男女によって働きやすさや居心地のよさに差があることを示します。

　雇用機会均等法のもと男女平等という建て前はありますが、男子の定着率は高くて女子の定着率が低いというケースはよくあります。

　厚生労働省が2021年3月に発表した賃金構造基本統計調査によると、平均勤続年数は大卒男子13.2年、大卒女子7.5年となっています。**特に女子は【3年後新卒定着率】に注目してください。**

ターゲット人材と入社後の定着率をチェック！

『就職四季報 優良・中堅企業版』のここを見よう！

【業種】

社名、株式公開計画		採用数	3年後離職率	有休取得年平均	平均年収
従業員、待遇		【本社】【特色・近況】			
新卒定着状況　Ⓐ		【事業】			
採用情報		【設立】【資本金】			
	Ⓑ	【社員】			
		【株主】			
		【業績】			

新入社員は辞めずに、定着しているのか？

社員定着率の男女差をチェックしよう。

Ⓐ ●新卒定着状況●

【3年後新卒定着率】81%（男子77.8%、女子83.3%、3年前入社：男子9名・女子12名）

Ⓑ 【採用状況】19年実績：25　　20年実績：26
21年内定：20（男9、女11）（文20、理0）（総12、他8）

住友商事マシネックス

男女別、文理別で見る！
中堅企業は採用枠が小さいので、ターゲット人材以外は採用されない可能性が高い。

🔖 ポイント

●中堅企業は採用数が少なく、ターゲットとする人材が明確。
●定着率が男女で大きく違う場合がある。

『就職四季報 優良・中堅企業版』

> **Point**
> **55**
>
> ## 中堅企業では一時的な赤字より中期トレンドを意識しよう

■【業績】に空欄がある場合は注意しよう

一時的な赤字は気にしない

　Point2 でも述べたように【業績】で重要なのは売上高と営業利益です。利益にもいろいろありますが、営業利益とは本業で稼いだ利益なので特に重要です。売上高と営業利益の両方が順調に増加しているのが理想です。

　しかし、中堅企業は経営基盤が弱いため、大企業よりも業績変動の幅が大きい傾向があります。外部環境が変化すると、すぐに営業利益が前の年よりも減少したり、赤字になってしまうことがあるのです。

　中堅企業の場合、たまに赤字になる程度ならば、それほど問題はありません。一時的な赤字に目を奪われることなく、中期的なトレンドがどうなっているのかを見るようにしてください。

グループ戦略としてあえて赤字になることもある

　親会社がグループ全体の経営を考えて、子会社が赤字になっても構わないと判断する場合があります。

　例えば、新規事業に進出する場合、親会社に負担をかけることを避けて子会社を通じて新規事業に乗り出すことがよくあります。こうした場合、初期投資負担が原因で、子会社が赤字になることは珍しくありません。

　子会社が赤字になったとしても、親会社や他の子会社の利益で補うことができれば問題ないのです。

業績を開示しない企業は避けよう

　【業績】の一部が空欄になっている企業があります。ほとんどの未上場企業は業績を開示する義務がありません。ですから、東洋経済がアンケートをしても業績について回答を拒否する企業があります。新卒を採用しようとしているにもかかわらず、会社の基本データである業績数字を開示しないのは理解に苦しみます。もしかすると何か大きな問題があるのか、と疑いたくもなります。

　業績を開示しない会社は、秘密体質で風通しのよくない会社と言えるのではないでしょうか。**就職先として、こうした企業はなるべく避けた方が無難でしょう。**

売上高と営業利益が両方とも順調に増加していることが重要

『就職四季報 優良・中堅企業版』のここを見よう！

【業種】

社名、株式公開計画		採用数	3年後離職率	有休取得年平均	平均年収
従業員、待遇		【本社】【特色・近況】			
新卒定着状況		【事業】【設立】【資本金】【社長】【株主】			
採用情報					
		【業績】			

売上高と営業利益が両方とも順調に増加しているのが理想。
ただ中堅企業の場合は、たまに減少したり赤字になるのは問題なし。

【業績】	売上高	営業利益	経常利益	純利益
単18.3	67,854	2,313	2,708	1,900
単19.3	83,868	3,079	3,412	2,423
単20.3	88,828	2,540	2,831	2,001

住友商事マシネックス

業績の一部が空欄の企業は避けた方がよい。
業績を開示しない会社は、秘密体質で風通しの
よくない会社である可能性も。

ポイント

- ●中堅企業は経営基盤が弱いため、大企業よりも業績変動の幅が大きい。
- ●グループ戦略としてあえて子会社を赤字にすることもある。
- ●新卒採用するのに、業績数字を開示しないのは好ましくない。

重要度 ★ ★ ☆

『就職四季報 企業研究・インターンシップ版』

Point 56 『就職四季報』企業研究・インターンシップ版とは？

■ 就活デビューの前に読んでおきたい就活本

大学の授業で得たノウハウを紙面に反映

　いまや大学3時の夏のインターンシップが実質的な就活スタートとなっています。どの企業のインターンシップに参加するのか、真剣に考えなくてはなりません。

　就職四季報シリーズの中で一番新しく出版されたのが『就職四季報 企業研究・インターンシップ版』です。インターンシップ実施企業の急増に合わせて2017年に創刊されました。**インターンシップ応募前の大学3年生・大学院1年生が企業・業界研究を始める前に読むと役立ちます。**

　夏休みのインターンシップを希望する学生向け合同企業説明会が本格化するのが6月なので、『就職四季報 企業研究・インターンシップ版』は毎年5月に発売されています。

　この本は前半の「企業・業界研究編」と後半の「インターンシップ情報編」に分かれています。

　「企業・業界研究編」の第1章ではインターンシップの基礎の基礎を解説しています。インターンシップに行く意味がわからないという人にうってつけの内容です。そして第2章から第9章では、企業・業界研究の仕方を学び、実際にワークシートに書き込みながら企業・業界研究を行います。

　東洋経済新報社ではいくつかの大学の商学部や経済学部で授業を行っており、著者の私も週に数回講義をしています。授業を行なうことで得たノウハウを「企業・業界研究編」詰め込んでいます。学生目線に合わせた内容になっているのです。

【本採用選考との関係】には要注目

　後半の「インターンシップ情報編」には1100社のインターンシップ情報が掲載されています。企業は業界別に分類され、各社がどんなプログラム内容を設定しているかが一覧できます。【本採用選考との関係】には要注目です。「本選考の参考とする」とコメントしている企業が少なくありません。**この欄が「NA」や「未定」の企業も実際は「本選考の参考とする」と見ておいて間違いないでしょう。**

　そのほか、企業の特色、採用数、平均年収、業績なども載っているので参考にして下さい。

インターンシップをきっかけに企業研究を始めよう

企業・業界研究編

✎ **ポイント**

●前半の「企業・業界研究編」ではインターンシップの基礎がわかる。
●後半の「インターンシップ情報編」では主要企業のプログラム内容がわかる。

これぞ昭和史　『会社四季報』の誕生秘話

　『会社四季報』の創刊は1936年6月7日です。1936年といえば陸軍によるクーデター未遂事件「二・二六事件」の起きた年です。二・二六事件で東京が大騒ぎになっているときに、東洋経済新報社の社内では『会社四季報』創刊に向けた準備が進められていたことになります。

　『会社四季報』の創刊を思い付いたのは東洋経済新報社の大先輩である小倉政太郎です。1935年、関西支局長だった小倉が編集会議で「会社四季報発刊の件」を提案したところ、石橋湛山・主幹（社長）が大賛成したそうです。

　『会社四季報』はコンパクトでありながら重要情報が詰まっていることが評価されて、あっという間に株式投資家の間で大人気となりました。当時の証券会社は顧客である投資家に、お中元として『会社四季報』を配ったそうです。

　小倉は『会社四季報』を立ち上げた後、東洋経済の京城支局長に就任し、そこで終戦を迎えました。戦前は朝鮮半島を日本が統治していたので、東洋経済の支局があったのです。小倉は東洋経済で「随一のアイディアマン」と呼ばれ、戦後も新しい刊行物の創刊に貢献しました。

　しかし、さすがの小倉も、後の世で「就活」なるもののために『会社四季報』が活用されるとは思いもしなかったでしょう。

　ところで、皆さんは石橋湛山をご存知ですか。鳩山一郎首相の退陣後に内閣総理大臣に就任したものの、病気のため約2カ月で退任したという人物です。鳩山一郎は2009年に総理大臣となった鳩山由紀夫の祖父です。そして、石橋湛山の後任は岸信介。安倍晋三元首相の祖父にあたります。

第3章

『四季報関連本』編

『会社四季報 プロ500』
『会社四季報 業界地図』 を読もう

■ 株を選ぶ基準で就職先を探す

株を選ぶ基準と就職先を選ぶ基準は似ている

『会社四季報』と同時に発売されるのが『会社四季報 プロ500』です。「プロ500」とは、「プロが厳選する500社」ということで、上場企業の中で、今後株価が上昇しそうな企業500社を取り上げて紹介しています。東洋経済の記者が「四季報」作成のために取材していて、これから業績が伸びそうだと判断した企業500社が掲載されているのです。

実は株を選ぶ基準と就職有望企業を選ぶ基準は似ています。**どちらも現在の状況よりもその企業の将来性を重視します。**ですから、**『会社四季報 プロ500』に掲載されている500社は、就職するのにも有望な企業である可能性が高いといえます。**企業選びの際には『会社四季報 プロ500』も参考にしてください。

173業界の状況がひと目で分かる

企業研究を進めるときに、個別企業について調べるのが重要なのは言うまでもありませんが、**業界全体の状況について調べることも重要です。**業界規模、業界全体の景気動向、序列、業界全体の課題は何か、などを知る必要があります。

東洋経済では毎年1回『会社四季報 業界地図』を出版しています。『会社四季報』と同じ取材陣で当たっているので、頭に〈会社四季報〉と付いています。

『会社四季報 業界地図』(2021年版)には280ページに173業界が掲載されています。自動車、鉄鋼といった定番の業界だけでなく、5G、キャッシュレス、テレワーク、AI、MaaS (カーシェア・ライドシェア)、宇宙開発、eスポーツといった注目業界についても取り上げて解説しています。

これ1冊あれば、国内の全ての業界について知ることができるでしょう。原則、**見開き(2ページ)で1業界がコンパクトにまとめてあるので、**とても読みやすいです。企業名とともに証券コードも載っているので、業界地図を見て気になる企業があったらすぐに『会社四季報』で詳しく調べてください。

日本経済新聞社、プレジデント社など東洋経済以外の出版社も業界地図を出版しています。読みやすいと感じるものを選んでください。

四季報関連本で企業を選ぶ

上場企業の中で、今後株価がさらに上昇しそうな 500 企業が掲載されている。これから業績が伸びそうな有望企業といえる。

原則見開き（2ページ）に1業界。業界全体の状況がひと目で分かる！

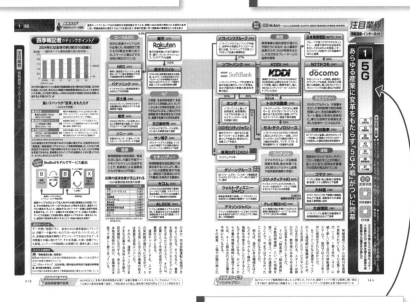

定番の業界以外の業界も取り上げている。

ポイント

● 株を選ぶ基準で企業を選ぶことができる。
● 『会社四季報 業界地図』で業界全体について知ろう。

Point
58

『会社四季報 業界地図』で業界研究を深めよう

■ 同業他社との関係がよく分かる

同業他社は単なるライバルではない

　日本の代表的な産業である自動車業界を例として『会社四季報 業界地図』について説明します。「自動車」（国内）のページを開くと国内自動車メーカー8社が掲載されていて、国内市場での売上高、生産台数、販売台数、販売店数などを比較することができます。

　また、矢印で企業同士が結び付いているのが目にはいるでしょう。自動車会社同士はライバルなのですが、単に競争しているだけでなく、業務提携をしたり株式を持ち合ったりしています。**敵でもあり味方でもあるのです。**

　例えば、ダイハツや SUBARU がトヨタグループであること、スズキと日産自動車が業務提携し相互にＯＥＭ供給していることなどがわかります。

　また、自動車産業はグローバル展開しているので、国内メーカーだけでなく海外メーカーの動向も気にしなくてはなりません。そこで、「自動車」（世界）のページを見ると、日本メーカーも含めた世界の自動車業界の状況がわかります。

　例えば、ルノー、日産自動車、三菱自動車の3社がグループを組んでいること、トヨタ自動車が BMW と業務提携していること、中国の北京汽車集団がダイムラーに出資していることなどもすぐにわかります。

関連業界のページを見ると業界への理解が深まる

　日本の自動車メーカーが優秀なのは、自動車メーカーだけでなく、自動車部品メーカーも優秀だからです。そこで、「自動車部品」のページも見てみましょう。また、日本の部品会社はトヨタ系、ホンダ系、独立系の3つに分けられることが一目瞭然です。

　自動車関連では電気自動車など「次世代自動車」業界を解説したページもあります。ここを読むと、国内外の自動車メーカー、ＩＴ企業、部品ソフト会社が次世代自動車をめぐってどのように競争し提携しているのかよくわかります。

　このほか、自動車関連としては「リチウムイオン電池」「タイヤ」「中古車」などの業界を解説したページもあります。関連業界が掲載されているページは業界タイトルの下に明記されています。1つの業界だけでなく、関連業界のページを見ることで業界と業界のつながりもわかってきます。

業界内の提携・ライバル関係がひと目で分かる

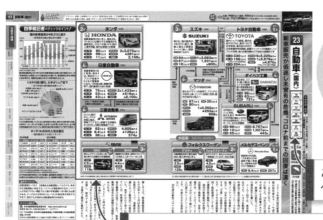

ここを見れば関連業界の
ページがわかる。

・販売台数、営業利益、営業所数などを比較！
・企業同士のライバル・提携関係が一目瞭然。

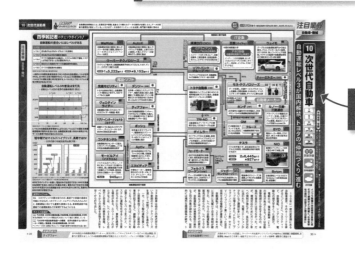

関連業界を
チェックしよう。

ポイント

●同業他社は敵でもあり味方でもある。
●志望業界だけでなく、関連業界のページも見ておくこと。

Point 59 あの有名企業も未上場！？

■『会社四季報 未上場会社版』とは？

上場していない企業 13,000 社を掲載

　『会社四季報』が日本の全上場企業を掲載しているのに対して、『**会社四季報 未上場会社版』は厳選された未上場企業約 13,000 社の情報を掲載しています。**上場企業は企業情報を公開することが法律で決められています。しかし、未上場企業にはそのような義務がないので、わざわざ情報公開しようという未上場企業は少ないのです。ですから、未上場企業に関心を持つ就活生が、未上場企業の情報を収集するのは簡単ではありません。

　しかし、東洋経済が未上場企業への取材とデータ収集を行い、**毎年秋に**『会社四季報 未上場会社版』を発行しています。日本全国には零細企業を含めると約 360 万社の企業がありますが、その中から売り上げ規模、業界地位、成長性などをもとに東洋経済が 13,000 社を選んで掲載しています。その多くは中堅・中小企業です。

　『会社四季報』に比べると情報量は少ないのですが、**過去 2 年間の採用実績や、【大卒初任給】など**『会社四季報』**には掲載されていない情報もあるので、是非活用してください。**

三菱ＵＦＪ銀行は上場していない

　大企業や有名企業が全て上場企業というわけではありません。例えば、サントリーホールディングス、ＹＫＫなどは規模の大きな優良企業ですが、経営上の判断であえて上場していません。また新聞社や出版社も上場していないことが多いです。

　就職人気の高い三菱ＵＦＪ銀行を『会社四季報』で探しても載っていないことを知っていますか。三菱ＵＦＪ銀行は三菱ＵＦＪフィナンシャル・グループという会社の子会社です。親会社である三菱ＵＦＪフィナンシャル・グループは上場企業ですが、その子会社である三菱ＵＦＪ銀行は上場していません。未上場版には三菱ＵＦＪ銀行が載っています。

　有名大企業でも『会社四季報』に掲載されていないことはあるのです。未上場の有名大企業を調べるときにも『会社四季報 未上場会社版』が役に立ちます。

『会社四季報』に載っていない情報も収録

有名企業であっても上場していないことは
ある。

過去2年の採用実績や【大卒初任給】など
は『会社四季報』に掲載されていない。

金属製品

014200　YKK Corporation	【設　立】1934年1月　　【決算期】3月
Ｙ　Ｋ　Ｋ	【資本金】11,992百万円　【発行済株数】119万株
	【従業員】連46,261名 単4,823名(41.7歳・20.3)
	【Ｕ Ｒ Ｌ】https://www.ykk.co.jp/

【特色・近況】ファスナーの開発と製造・販売。業界最大手。子会社にサッシ・窓など建材大手のYKK AP。販売ボリューム減少と操業度低下、中国・アジア地域の増販・増産に向けた投資に伴う製造固定費増、開発基盤強化費用増などの減益要因だ。

【連結事業】ファスニング47、AP（建材）58、他1〈海外45〉

【社長】1959.11生 甲南大経済82卒 17.4就任

【役員】(会)猿丸雅之 (上)大谷裕明 (取)松嶋耕一 池田文夫 矢澤哲男 馬場治一 吉田明 他役員

【株主】(20.3) 9,278名 YKK恒友会20.8%（有）吉田興産14.5 みずほ銀行4.9 吉田忠裕4.6 北陸銀行3 明治安田生命保険相互会社2.6

【子会社等】YKK AP YKK不動産 YKKビジネスサポート YKKコーポレーション・オブ・アメリカ社 他　　　〈連子〉108社〈持連〉0社

【上場予定】計画なし

【採用】19年81(37) 20年75(43) 21年約40(未定)予

【大卒初任給】月212,000円

【本社】〒101-8642 東京都千代田区神田和泉町1
☎03-3864-2000

【事業所】黒部(富山県黒部市)

【銀行】みずほ(本店) 三菱U(本店) 北陸(東京)

【仕入先】三井金属鉱業 パナソニック 三菱マテリアル 大連YKKジッパー社 豊田通商

【販売先】YKKベトナム社 上海YKKジッパー YKK深圳社 YKK台湾社

【財務】総資産	【連中19.9】	988,869	(65.6%)
	【連20.3】	983,645	(65.7%)

【業績】	売上高	営業利益	経常利益	純益	配当(円)
連18.3	747,762	59,347	59,924	38,728	2400
連19.3	765,781	61,775	64,466	45,824	2400
連20.3	732,854	41,341	42,661	23,629	2400
中19.9	371,861	22,064	22,652	17,235	‥
単20.3	90,820	▲18,974	▲4,547	▲5,352	

ポイント

●未上場の企業を調べるには『会社四季報 未上場会社版』が最適。

【仕入れ先】や【販売先】から企業を判断する

■ 【採用】からその企業の採用トレンドをつかもう

未上場企業 13,000 社を4区分して掲載

『会社四季報 未上場版』には以下の 4 区分で約 13,000 社が掲載されています。
①注目会社：売上高 1000 億円以上。有名大企業で世間の注目を集めることが多いが上場していない企業
②有力・成長企業：売上高 25 〜 1000 億円以上で、成長性が高い企業。業種ごとに分けて掲載されている。
③有力中堅・ベンチャー企業：売上高 25 億円以下の個性ある中堅企業
④巻末企業一覧：その他の有力企業。

優良企業が相手にするのは優良企業だけ

【仕入先】や【販売先】から掲載企業が優良企業か否か判断することができます。仕入先や販売先が大手優良企業であれば、掲載企業が目立たない中小企業であっても優良企業である可能性が高いのです。大手優良企業は支払いに不安のある経営不振企業とわざわざ取引をしません。優良企業は優良企業しか相手にしないのです。

また、中小企業に入社したとしても、【仕入先】や【販売先】などの取引先が大手企業であれば、スケールの大きな仕事に携わる可能性があります。大手企業と取引することでビジネススキルが磨かれて、転職のチャンスを得ることもあります。

【上場予定】欄には、企業が株式を上場する計画があるかどうかが、書いてあります。上場を計画している企業ならば、上場基準を満たすように社内体制の整備を進め、企業内容が向上していく可能性が高いと言えます。しかし、すでに上場基準を満たしていても諸般の事情からあえて上場しない企業もあるので、上場予定がないからといって将来性の低い企業というわけではありません。

【採用】欄には前年 4 月の入社者数、その年の入社者数、1 年後の採用予定数が載っています。採用のトレンドをつかんで下さい。人数の数字の横の（　）内は中途採用の人数です。【採用】のすぐ下には大卒初任給も掲載されています。

有望企業であるサインを見逃すな！

【仕入先】や【販売先】などの取引先が
大手企業だと優良企業の可能性大。

金属製品

014200　YKK Corporation

Y K K

【特色・近況】ファスナーの開発と製造・販売。業界
最大手。子会社にサッシ・窓など建材大手のYKK
AP。販売ボリューム減少と操業度低下、中国・アジ
ア地域の増販・増産に向けた投資に伴う製造固定
費増、開発基盤強化費用増などの減益要因大。
【連結事業】ファスニング41, AP（建材）58, 他1＜
海外45＞
【社長】1959.11生 甲南大経済82卒 17.4就任
【役員】（会）猿丸雅之（社）大谷裕明（取）松嶋耕一
池田文夫 矢澤哲男 馬場治一 吉田明 他役員ら
【株主】(20.3) 9,278名 YKK恒友会20.8%（有）吉
田興産14.5 みずほ銀行4.9 吉田忠裕4.6 北陸銀
行3 明治安田生命保険相互会社2.6
【子会社等】YKK AP YKK不動産 YKKビジネス
サポート YKKコーポレーション・オブ・アメリ
カ社 他　　　　〈連子〉108社〈特適〉0社
【上場予定】計画なし
【採用】19年…

【設 立】2034年1月	【決算期】3月
【資本金】21,992百万円	【発行済株式】119万株
【従業員】連46,261名 単4,823名 (41.7歳・20.3)	
【URL】https://www.ykk.co.jp	

【本社】〒101-8642 東京都千代田区神田和泉町1
☎03-3864-2000
【事業所】黒部（富山県黒部市）

【銀行】みずほ（店）三菱U（本店）北陸（東京）
【仕入先】三井金属鉱業 パナソニック 三菱マテリア
ル 大連YKKジッパー社 豊田通商
【販売先】YKKベトナム社 上海YKKジッパー YKK
深圳社 YKK台湾社

上場を計画中の企業は、上場
基準を満たすための準備をし
ている。そうした企業は、有望
企業である可能性が高い。

採用のトレンドをつかもう！

巻頭の表も活用
しよう。

最新採用予定数ランキング

順位	社名	2021年予定(人) 新卒	中途	2020年実績(人) 新卒	中途	初任給 (円)	掲載頁
1	日本郵便（株）	1740	未定	3767	1434	238,000	248
2	（株）LEOC	945	微減	823	805	230,000	1464
3	日本生命保険（相）	800	未定	868	481	211,000	242
4	明治安田生命保険（相）	770	‥	856	‥	257,740	242
5	アイリスオーヤマ（株）	640	200	435	150	213,000	217
6	東京海上日動火災保険（株）	570	‥	624	‥	228,670	243
7	NTT西日本	560	60	558	56	211,000	221
8	佐川急便（株）	前年並	‥	525	‥	‥	795
9	JFEスチール（株）	500	50	795	227	222,000	210
10	りそな銀行	470	‥	567	‥	205,000	236
11	住友生命保険（相）	445	‥	502	‥	210,000	241
12	（株）ココカラファイン ヘルスケア	440	130	413	90	200,000	234
13	NECソリューションイノベータ(株)	400	50	350	50	211,500	890
〃	（株）一条工務店	400	前年並	311	‥	213,000	200
15	ゲンキー（株）	365	60	329	50	210,000	1227
16	大和証券（株）	350	‥	450	‥	255,000	237

ポイント

●仕入れ先や販売先が優良企業ならば、掲載企業も優良企業の可能性が
高い。

Column 3

南満州鉄道、松岡洋右、北樺太石油…

『会社四季報』創刊号の掲載社数はわずか298社です。2021年には3,800社を超えていますから、まさに隔世の感があります。そして、創刊号をめくると歴史を感じる社名が並んでいます。

例えば南満州鉄道株式会社。【重役】を見ると会社のトップである総裁（社長）には松岡洋右とあります。日独伊三国同盟や日ソ中立条約の締結など、第2次大戦前の日本外交をリードした人物です。中・高校の日本史の教科書には、1933年に日本が国際連盟を脱退したときの松岡の様子が掲載されています。

そして、重役の中には河本大作がいます。陸軍軍人であり、1928年に中国・奉天（現在の瀋陽）で起きた張作霖爆殺事件の首謀者として知られています。

その他、満蒙毛織、金剛山電気鉄道、北樺太石油といった社名もあります。社名を見ただけで、戦前の日本がアジアに植民地を持っていたということがよく分かります。昔の『会社四季報』を見ると昭和史が見えてくるのです。

実は、東洋経済では1936年の創刊号から2011年3集夏号までを『会社四季報全75年DVD』としてまとめています。DVDには個別企業のページだけでなく巻頭・巻末の記事やデータも収録されています。

日本の経済史、産業史を振り返るには最適な資料であることから、図書館や大学、シンクタンクなどに購入していただいています。就活のためにこのDVDを購入する必要はありませんが、経済系の学部の学生には興味深いものでしょう。

ちなみに、河本大作の息子の敏夫は、1949年から1996年まで衆議院議員を務めた大物政治家で、1982年には安倍晋太郎と自民党総裁選挙で戦っています。この安倍晋太郎は安倍晋三元首相の父親です。

第4章
その他編

Point 61 「エントリーしたい企業がブラック企業か?」 と心配になったら

■ キャリアセンター、ハローワーク、『就職四季報』 を活用しよう

キャリアセンターやハローワークに相談

　就活生がよく話題にするブラック企業とは、労働法などの法令に違反して従業員を酷使する企業のことです。

　自分がエントリーしようとする企業がブラック企業かどうかを確認したいときは、まず大学のキャリアセンターに相談しましょう。キャリアセンターは OB・OG の就職先を把握しています。**入社した OB・OG が短期間で大量に辞めている企業は、ブラック企業である可能性が高いと言えるでしょう。**

　また、ハローワークに相談することも有効です。最近はハローワークが新卒の就活支援をしています。ハローワークは多数の企業情報を持っています。自分がエントリーしようとする企業が、過去に法令違反をしていないかどうか質問してみましょう。

簡単に内定を出す企業はブラック企業かもしれない

　ブラック企業の最大の特徴は内定が早く出ることです。『会社四季報』掲載企業の平均生涯賃金は約 2.3 億円です。これだけの支出をするのですから、企業が採用に慎重になるのは当然です。

　高い買い物をするときに、慎重になるのとまったく同じ理屈です。よって**筆記試験なし、面接1回で内定などとなればブラック企業であることを疑ってください。**まともな企業はそんな簡単に内定を出しません。

　ブラック企業は社員を使い捨てにすることを前提に採用します。とりあえず採用してこき使って、成績が上がらなければ解雇するのです。ブラック企業でも正当な理由なしに解雇はできないので、苛酷なノルマを課して社員が自ら辞職するようにし向けます。長期雇用は考えていないので簡単に内定を出すのです。

　『就職四季報』の「3年後離職率」や「離職率」が高い、または「平均勤続年数」が短い場合はブラック企業の可能性があります。

　ところで最近は、残業が多かったり、休日出勤があったりすると「あそこはブラック企業だ」などと安易に言う学生が多いようです。就職すれば残業や休日出勤することは珍しくありません。失敗すれば叱責されるのは当たり前です。それだけの理由で企業に対してブラック企業とレッテルを貼るのはやめましょう。

『就職四季報』でブラック企業を見極める

【業種】	開示度			▲『業界地図』P.	
社名、特色、上場区分	修士・大卒採用数	3年後離職率	有休取得年平均	平均年収(平均○歳)	
エントリー情報	(残業(月)				
試験情報	記者評価				
	給与・休暇				
採用数	従業員数、勤続年数、離職率				
実績校	会社データ				
配属先					

ブラック企業を見極めるための3つのチェックポイント。

修士・大卒採用数	3年後離職率	有休取得年平均	平均年収(平均42歳)
70名	8.0 → **7.0**%	**17.7**日	㊜**892**万円

●従業員数、勤続年数、離職率ほか●

従業員の男女比　　■男□女
男80% 女20%

【男女別従業員数、平均年齢　平均勤続年数】計 6,249
(42.4歳 15.3年)　男 5,002(42.8歳 15.8年)　女 1,247
(40.6歳 13.1年)
【離職率〈離職者数〉】2.6%、168名(早期退職男13名、女
2名含む、他男9名転籍)
【3年後新卒定着率】93.0%(男92.6%、女93.8%、3年前
入 社:男68名・女32名)【勤 務 時 間】9:00〜17:30(フ
レックスタイム制 コアタイム10:00〜14:00)
【組合】あり【住宅補助】独身寮 社宅(各事業所)住宅給
(扶養状況・地域別に金額を設定)
【博士採用、海外勤務、初任給内訳】⇒巻末

ポイント

●ブラック企業かどうか、キャリアセンターやハローワークに相談しよう。
●まともな企業は簡単に内定を出さない。

Point **62** キャリアセンターを活用しよう

■ 強力な就活インフラ「キャリアセンター」で業界・企業研究

ES添削、模擬面接など至れり尽くせり

　キャリアセンターに行くメリットは3つあります。**まず1つ目が就活を応援してくれる大学職員の存在です。**キャリアセンターでは、職員が就活でのさまざまな悩みの相談に乗ってくれるだけでなく、学生に適した企業を紹介してくれます。**エントリーシート（ES）の添削もしてくれます。**多くのキャリアセンターの職員は「ESの添削は重要な業務の1つだ」と言います。

　ES添削に加えて**模擬面接も行っています。**職員が面接官の役を務めて本番さながらの面接を行い、終了後に問題点を学生にフィードバックします。就活を始めるまで本格的な面接を受けたことがない学生が多いので、どこの大学でも模擬面接は大人気です。

　2つ目は企業からの求人票が見られることです。企業が大学に求人票を送ってくるということは、企業が真剣にその大学の学生を採用したいと考えていることを意味します。

OB・OG情報をチェックしよう

　3つ目がOB・OG情報です。キャリアセンターでOB・OGの連絡先を紹介してもらいましょう。また、OB・OGによる就職活動報告レポートも置いてあります。いつ頃、どんな内容の会社説明会を行ったのか、適性検査・筆記試験は何が使用されたのか、面接はどんな雰囲気で何を聞かれたのかなどの情報がレポートに詰まっています。

　その他、キャリアセンターには**就活関連本、業界・企業研究本などの資料がそろっています。**就活はお金がかかるので、キャリアセンターで資料を見ればお金を節約することができます。

　また、キャリアセンターが主催する大学内での会社説明会には参加するべきです。キャリアセンターが事前に企業をチェックしているので、**ブラック企業に引っかかる可能性は低いでしょう。**新型コロナ感染以降、キャリアセンターではオンライン対応を進めています。カウンセリングや模擬面接、会社説明会などにオンラインでも参加できるので安心してキャリアセンターを利用して下さい。

キャリアセンターを活用することが内定への近道だ

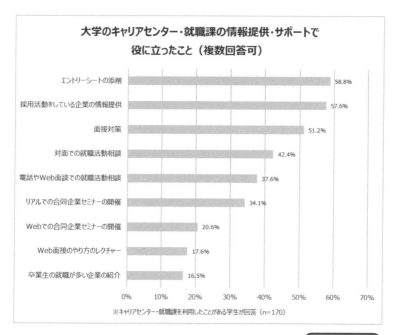

大学のキャリアセンター・就職課の情報提供・サポートで
役に立ったこと（複数回答可）

エントリーシートの添削	58.8%
採用活動をしている企業の情報提供	57.6%
面接対策	51.2%
対面での就職活動相談	42.4%
電話やWeb面談での就職活動相談	37.6%
リアルでの合同企業セミナーの開催	34.1%
Webでの合同企業セミナーの開催	20.6%
Web面接のやり方のレクチャー	17.6%
卒業生の就職が多い企業の紹介	16.5%

※キャリアセンター・就職課を利用したことがある学生が回答（n=170）

出典：学情

就職サイト「あさがくナビ」を運営する学情は、2021年1月に2021年3月卒業(修了)予定の大学生・大学院生を対象として、「就職活動の振り返り」をテーマに調査した。

ポイント

●キャリアセンターではES添削や模擬面接をしてくれる。
●企業からの求人票を見ることができる。
●OB・OGの体験レポートを読むことができるだけでなく、OB・OGを紹介してくれる。

Point **63** ハローワークを活用しよう【1】

■ ハローワークが新卒の就活をサポートする

「新卒応援ハローワーク」のサービスを受ける

　学生の皆さんはハローワークの存在を知っていますか。ハローワークの正式名称は「公共職業安定所」。「職安」と呼ばれることもあり、失業した社会人が職探しに行く場所というイメージを持つ就活生が多いと思います。しかし、**ハローワークも大学のキャリアセンターのように学生の就活の面倒を見てくれるのです。**

　大学院・大学・短大・高専・専修学校などの学生やこれらの学校を卒業して3年以内の人を対象に、無料で就職支援サービスを行っているハローワークを「新卒応援ハローワーク」と言います。**各都道府県に最低でも1カ所、全国に合計56カ所設置されています。**

就職支援ナビゲーターがマンツーマンで支援

　新卒応援ハローワークには就職支援ナビゲーター（ナビゲーター）と呼ばれる専門の相談員がいて、さまざまな相談に応えてくれます。ナビゲーターは大学などでの就職支援や企業での人事担当の経験を持つ人が多く、就活に関する知識・経験が豊富です。初めて利用する際は、事前予約は必要ありません。まずは窓口で登録し、ナビゲーターと話をします。

　2回目以降は予約制となり、担当のナビゲーターと面談します。**エントリーシートの添削や筆記試験対策のアドバイスを受けることもできます。**ナビゲーターは担当者制なので、二人三脚で就活を進めていくことになります。ナビゲーターとの相性が悪い場合は変更することも可能なので安心してください。

他大学の学生との情報交換も

　登録してしまえば、求人検索用のパソコンや書籍などを自由に利用できます。また、自分の大学とは違った大学の学生とも知り合う機会があるので、情報交換することもできるし、いつもとは違った刺激を受けることもできます。

　さらに、**臨床心理士が就活生をメンタル面からサポートしています。**就活がうまくいかないために、うつになってしまう就活生がいますが、そういったトラブルを未然に防いでくれるのです。

全国のハローワークが就活をサポート

全国の新卒応援ハローワークの所在地【一部】（2021 年 7 月現在）

	名称	〒	住所	電話番号
北海道	札幌新卒応援ハローワーク	〒 060-8526	札幌市中央区北 4 条西 5 丁目 1-4 大樹生命札幌共同ビル 8 階・9 階	011 (233) 0202
宮 城	仙台新卒応援ハローワーク	〒 980-8485	仙台市青葉区中央 1-2-3 仙台マークワン 12 階	022 (726) 8055
埼 玉	埼玉新卒応援ハローワーク	〒 330-0854	さいたま市大宮区桜木町 1-9-4 エクセレント大宮ビル 6 階	048 (650) 2234
	ハローワーク浦和・就業支援サテライト新卒コーナー	〒 336-0027	さいたま市南区沼影 1-10-1 ラムザタワー 3 階	048 (762) 6522
千 葉	千葉新卒応援ハローワーク	〒 260-0028	千葉市中央区新町 3-13 千葉 TN ビル 1 階	043 (307) 4888
	ふなばし新卒応援ハローワーク	〒 273-0005	船橋市本町 1-3-1 フェイスビル 9 階	047 (426) 8474
	まつど新卒応援ハローワーク	〒 271-0092	松戸市松戸 1307-1 松戸ビル 3 階	047(367)8609(48#)
東 京	東京新卒応援ハローワーク	〒 163-0721	新宿区西新宿 2-7-1 小田急第一生命ビル 21 階	03 (5339) 8609
	八王子新卒応援ハローワーク	〒 192-0083	八王子市旭町 10-2 八王子 TC ビル 6 階	042 (631) 9505
神奈川	横浜新卒応援ハローワーク	〒 220-0004	横浜市西区北幸 1-11-15 横浜 S ビル 16 階	045 (312) 9206
	川崎新卒応援ハローワーク	〒 210-0015	川崎市川崎区南町 17-2 ハローワーク川崎内	044(244)8609(49#)
愛 知	愛知新卒応援ハローワーク	〒 460-8640	名古屋市中区錦 2-14-25 ヤマイチビル 9 階	052 (855) 3750
滋 賀	滋賀新卒応援ハローワーク	〒 525-0025	草津市西渋川 1-1-14 行岡第一ビル 4 階しがジョブパーク内	077 (563) 0301
京 都	京都新卒応援ハローワーク	〒 601-8047	京都市南区東九条下殿田町 70 京都テルサ西館 3 階 (京都ジョブパーク内)	075 (280) 8614
大 阪	大阪新卒応援ハローワーク	〒 530-0017	大阪市北区角田町 8－47 阪急グランドビル 18 階	06 (7709) 9455
兵 庫	神戸新卒応援ハローワーク	〒 650-0044	神戸市中央区東川崎町 1-1-3 神戸クリスタルタワー 12 階	078 (361) 1151
奈 良	奈良新卒応援ハローワーク	〒 630-8113	奈良市法蓮町 387 番地奈良第三地方合同庁舎 1 階ハローワーク奈良内	0742 (36) 1601
広 島	広島新卒応援ハローワーク	〒 730-0011	広島市中区基町 12-8 宝ビル 6 階	082 (224) 1120
福 岡	福岡新卒応援ハローワーク	〒 810-0001	福岡市中央区天神 1-4-2 エルガーラオフィス 12 階	092 (714) 1556
	北九州新卒応援ハローワーク小倉	〒 802-0001	北九州市小倉北区浅野 3-8-1AIM ビル 2 階	093 (512) 0304
	北九州新卒応援ハローワーク八幡	〒 806-8509	北九州市八幡西区岸の浦 1-5-10 八幡公共職業安定所内	093 (622) 6690

> **ポイント**
>
> ●日本全国 56 カ所の新卒応援ハローワークが就活をサポートしてくれる。
> ●専門の相談員に相談できるほか、パソコンや資料を自由に使用することができる。

Point

64 ハローワークを活用しよう【2】

■ 新卒応援ハローワークが提供する多彩なサービスを活用しよう

さまざまな種類の就職セミナーを実施

　新卒応援ハローワークでは各種就職セミナーを開催しています。「就活で役立つマナー講座」では、就職活動のさまざまな場面で必要なマナーについて**実践的なトレーニングを受けられます**。敬語などの言葉遣いや、応募先企業の人事担当者への電話のかけ方などを身に付けることができます。

　「印象アップ講座」とは就活でよい印象を与えるためのメイクの方法や身だしなみを学ぶ講座です。ネクタイの選び方と結び方（4種類）、自分に似合う色の分析、メイクの実演などを行います。

　「面接実践対策」は個別面接への対応方法を身につける内容です。面接会場に入る瞬間から、退出するまでの全てについて指導してくれます。採用業務経験のある職員が入退室時の立ち居振る舞いや、面接での質疑応答の内容・態度についてシミュレーションを交えながら解説します。

　さらに、さまざま企業を大会場に集めた合同企業説明会も開催しています。リクナビやマイナビなどの就職ナビ会社だけでなく、**ハローワークも合同企業説明会を主催しているのです**。

全国各地の求人情報を検索

　東京や大阪の大学に通う学生で、U・I・Jターン就職を希望する人も多いと思います。全国にあり、地域密着のイメージがあるハローワークですが、東京や大阪にいても地元企業を調べることができます。また、地方の学生が東京・大阪など大都市圏の求人情報を得ることもできます。所定の手続きを行なえば、自宅のパソコンやスマホから求人情報を検索することが可能です。

ハローワークは障害支援にも力を入れている

　新卒応援ハローワークでは関係機関と連携して障害のある学生やコミュニケーションが苦手な学生の就職活動もサポートしています。障害者手帳を持っていなくても利用可能です。相談は予約制となっていて、利用の際は電話で「専門支援」と伝えるだけで良いとのことです。

　ハローワークでは、以上のサービスが全て無料です。

就活には外せない新卒応援ハローワーク

（大学等の学生の皆様・学校卒業後おおむね3年以内の方へ）

新卒応援ハローワークを利用しませんか
～学生の就職活動を支援する専門のハローワークです～

ハローワークって、仕事を辞めた人だけが行くところだと思っていませんか？
新卒応援ハローワークは、大学院・大学・短大・高専・専修学校などの学生や、
卒業後未就職の方の就職を支援する専門のハローワークです。

無料で気軽に

すべて無料。初回の予約も不要です！

・新卒応援ハローワークでは、大学院・大学・短大・高専・専修学校などの学生や、これらの学校を卒業した方を対象に、それぞれの方に応じた支援をすべて無料で行っています。初回は基本的に予約も不要ですので、お気軽にご利用ください。

まずは相談

仕事探しに関する相談を随時受付中！

・「いい求人はないかな？」「希望の求人があるけど、どうやって応募したらいいの？」「仕事を探す上での疑問を解消したい」など、仕事探しに当たっての各種相談を受け付けています。まずは、ぜひ相談にお越しください。

安心の担当者制

専門の相談員が、担当者制で個別に支援します！

・新卒の就職活動を専門とした相談員である**就職支援ナビゲーター**が、担当者制で個別相談を行っているほか、臨床心理士による心理的サポートも行っています。
・また、エントリーシート・履歴書の作成相談や、面接指導も受け付けています。

セミナー参加無料

就職フェアや各種セミナーを開催。参加無料！

・年間を通じて、就職面接会や就職活動に役立つセミナーなどのイベントを開催しています。
・これらはすべて参加費無料です。ぜひ参加してみてください。

～ ハローワーク（公共職業安定所）だから、全国どこでも、ずっとサポート ～

全国各地の求人情報（仕事情報・企業情報）が検索できます

・新卒応援ハローワークでは、地元企業の求人はもちろんのこと、全国の求人も探すことができます。自分の希望に合った仕事があるか、他の地域の情報も色々と調べてみてください。
・もちろんUIJターン就職に関する相談も受け付けています。

既卒者の就職を支援する各種制度も揃っています

・新卒応援ハローワークでは、卒業後も就職活動を継続される方々についても、早期の就職実現に向けて、全力で支援します。

😊 **厚生労働省・都道府県労働局・ハローワーク**　　LL020407開若01

【 出所：厚生労働省 HP 】

ポイント

●ハローワークは就活生向けに就職セミナーや合同企業説明会を実施している。
●U・I・Jターン就職のための情報も豊富。

「説明会」の特徴と有効な活用法

■「学内企業説明会」と大規模「合同企業説明会」のメリットとは？

企業が大学に来校して行う「学内企業説明会」

　会社説明会といってもさまざまな種類があります。 ここでは説明会ごとの特徴と活用の仕方について述べたいと思います。

　「学内企業説明会」とは、企業の人事担当者が各大学に来て行う会社説明会のことです。大学のキャリアセンターや生協などが主催します。企業の数が複数の場合もあれば、1社の場合もあります。わざわざ、**企業が大学に来るということは、その大学の学生を採用する意欲が強いということです。**

　最近は学内企業説明会に熱心な企業が増えてきました。企業は採用ターゲットとする大学をある程度絞っています。しかし、就職ナビが主催する大規模な合同企業説明会では、ターゲット大学以外の学生もたくさん集まるので、効率的な採用活動ができません。そこで、ターゲット大学で説明会を行なうのです。企業は採用意欲が強いので、「ココだけ」といったかなり詳しい話をしてくれることが多いようです。また、その大学のOB・OGが出席することが多いので、学生としても質問しやすいでしょう。

短時間に多数の会社が見られる効率的な「合同企業説明会」

　学生の間では、略して「合説（ゴーセツ）」などと呼ばれています。東京お台場にある国際展示場などの大会場に多数の企業がブースを出展し、学生が各ブースを回りながら企業の説明を聞くという形式です。マイナビやリクルートなど就職ナビ会社が主催することが多いです。参加人数が数万人、出展企業が数百社という大規模なものも珍しくありません。出展企業の中には、地方自治体や官公庁が含まれていることもあります。

　1つの会場で短時間に多数の会社を見ることができるので効率的ですが、参加学生が多いため、質問の時間が十分ではないことがあります。人気企業のブースには学生が集中しますが、そうでない企業のブースは閑散としています。

　私は、わざと閑散としたブースに行って人事担当者と話すことをお勧めします。無名の優良企業に出会えるかもしれません。また、採用担当者と話すことで社会人慣れしてください。社会人と話すことに慣れてしまえば、その後の就活が楽になります。

ほとんどの企業がオンライン形式の説明会を実施

●個別企業セミナー・説明会の開催形式

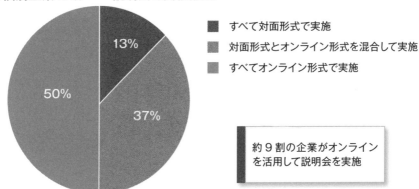

■ すべて対面形式で実施
■ 対面形式とオンライン形式を混合して実施
■ すべてオンライン形式で実施

> 約9割の企業がオンライン
> を活用して説明会を実施

●就活生は「学内企業説明会」と「合同企業説明会」のどちらを重視？

> 学内企業説明会と合同企業説明
> 会の「どちらも同じくらい重視す
> る」が最も多い。

■ 学内企業説明会
■ どちらも同じくらい重視する
■ 就職ナビ会社が主催する合同企業説明会
■ どちらも重視しない

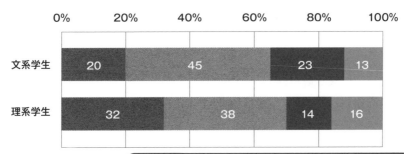

> 「2021年＆2022年新卒採用動向調査」
> 「2022年卒学生の就職活動動向調査」（HR総研）

◆ ポイント

●学内企業説明会に来校する企業は採用意欲が強い。
●大規模な合同企業説明会には数百社の企業が出展する。
●大規模な合同企業説明会では質問時間が不十分な場合がある。

Point
66 　新聞を読んで企業研究しよう

■ 新聞は企業情報の宝庫

新聞を読まない就活なんてあり得ない

　学生から「どんな企業を志望すればいいのか分からない」という話をよく聞きます。こういう学生はたいてい新聞を読んでいません。**新聞は企業情報の塊です**。企業のことを知りたいのならば、なぜ新聞を読まないのでしょうか。理解に苦しみます。

　ビジネスマンの間では、読んでいることが常識になっている**日本経済新聞の場合、毎日約400社の企業記事が掲載されています**。日々、日本経済新聞を読むだけで企業情報が頭の中に蓄積していくはずです。

　ただ、日本経済新聞は読者が専門用語や経済の仕組みを理解しているという前提で書かれています。金融マーケットに関する記事も多いですし、会計制度に関する記事が一面となることもあります。国際ニュースも経済関連のものが多く、経済オンチには読みにくい新聞かもしれません。

一般紙の経済面を読もう

　経済記事を苦手にしている人には、読売、産経など**一般紙の経済面を読むことをお勧めします**。一般紙ならば何でも構いません。ビジネスマンだけを対象とした新聞ではないので、分かりやすくかみ砕いて書いてあります。

　読み方ですが、まず経済面の見出しは全部読みましょう。記事の内容を理解できなくても、見出しを読むのは簡単なはずです。そして、どの記事でもいいから一本だけは全部読みましょう。国際金融の記事を読むのは大変でも、新製品の記事などは難しくありません。

　分からない専門用語が出てきたり、内容が理解できなくてもこだわらずに最後まで読み通しましょう。英文を読むときに分からない単語を読み飛ばすのと同じ要領です。一般紙の経済面を読めば、徐々に日本経済新聞を読みこなす力が身に付きます。

　新聞の中の固定欄にも企業研究に役立つものがあります。**日本経済新聞の「私の履歴書」「私の課長時代」**などは企業の社長の回顧録のようなものですが、読みながら会社の歴史や社風を知ることができます。また、社長の若き日の失敗談などを通じて、リアルな仕事の様子を知ることもできます。

新聞の固定欄に就活のヒントがある

「私の課長時代」
（日本経済新聞
2021 年 6 月 30 日）

「私の履歴書」
（日本経済新聞　2021 年 6 月 16 日）

YKK 社長
大谷 裕明氏

TOTO 元社長
木瀬 照雄氏

ポイント

● 日本経済新聞には毎日約 400 社の企業情報が掲載されている。
● 日本経済新聞を難しく感じるならば、まず一般紙の経済記事を読もう。一般紙の経済記事を毎日読めば、日本経済新聞を読みこなす力が身に付く。

就職人気企業ランキングを気にしない

■ 転職人気企業ランキングとは
ビジネスパーソンが認める優良企業ランキングだ

「就職人気企業ランキング」上位でも倒産する会社がある

就職サイトや雑誌が大学生の就職人気企業ランキングを発表しています。ランキング上位の企業に就職したいと思う学生は多いでしょうが、**人気ランキングを気にするのはやめましょう。**

以前、東洋経済が2008年3月卒予定の学生を対象にアンケートをしたところ、就職人気ランキング第2位は日本航空でした。当時、日本航空は学生に人気があり、内定をもらった学生はすごくうれしかったはずです。しかし、**2010年1月に日本航空は会社更生法の適用を申請しました。要するにいったん倒産したのです。**

その後日本航空は復活しましたが、社員たちは倒産騒動の時にたいへん苦しい思いをしたことでしょう。

就活中であっても、学生は企業のことをよく知りません。企業についてよく知らない学生を対象にアンケートして作成したランキングに、それほど意味はありません。**ランキング上位の企業が必ずしも優良企業というわけではないのです。**

「転職人気企業ランキング」を企業選びの参考にしよう

大学生の就職人気企業ランキングは企業選びの参考にしない方が賢明ですが、ビジネスパーソンを対象にアンケートをした「転職人気企業ランキング」は就活生にとって参考になります。**ビジネスの最前線で働いているビジネスパーソンが認める企業ならば、その企業は有望企業といえるからです。**

毎年、総合人材サービスのパーソルキャリアが「転職人気企業ランキング」を調査・発表していますのでチェックしてください。学生対象の就職人気ランキングとは内容がかなり異なります。文化放送キャリアパートナーズが2021年4月に発表した就職人気企業ランキングでは、上位20社のうち9社が金融でした。

一方、「転職人気企業ランキング」（同年6月発表）では上位20社中金融は1社もありません。そして5社が外資系です。

学生というビジネスの素人ではなく、ビジネスパーソンという玄人の目を活用して企業選びをするのも1つの方法です。

学生の就活に転職人気企業ランキングが役立つ

順位	企業名
	転職人気企業トップ20 **(ビジネスパーソンに人気のある企業)**
1	トヨタ自動車
2	グーグル
3	ソニー
4	楽天
5	アマゾンジャパン
6	パナソニック
7	任天堂
8	Apple Japan
9	ソフトバンク
10	キーエンス
11	全日本空輸 (ANA)
12	サントリーホールディングス
13	本田技研工業
14	ヤフー
15	三菱商事
16	東日本旅客鉄道 (JR東日本)
17	資生堂
18	日本マイクロソフト
19	リクルートホールディングス
20	電通

出所：転職人気企業ランキング2021（パーソルキャリア調べ）2021年6月7日発表

順位	企業名
	就職人気企業トップ20 **(学生に人気のある企業)**
1	伊藤忠商事
2	日本生命保険
3	大和証券グループ
4	明治グループ (明治・Meiji Seika ファルマ)
5	博報堂／博報堂DYメディアパートナーズ
6	損害保険ジャパン
7	大日本印刷
8	三菱商事
9	東京海上日動火災保険
10	SMBC日興証券
11	第一生命保険
12	集英社
13	ソニーミュージックグループ
14	みずほフィナンシャルグループ
15	ジェイアール東日本企画
16	三井住友信託銀行
17	Sky
18	みずほ証券
19	バンダイ
20	ロッテ

出所：2022年入社希望者 就職ブランドランキング調査（文化放送キャリアパートナーズ・就職情報研究所調べ）2021年4月4日発表

ランクイン企業の顔ぶれはかなり異なる

ポイント

- ●就職人気企業ランキング上位の企業が優良企業とは限らない。
- ●転職人気企業ランキングとは、ビジネスマンの間の人気企業ランキングだ。
- ●転職人気企業ランキングは学生の企業選びに役立つ。

中小企業の情報はこうして集める

■ キャリアセンター、ハローワーク、中小企業専門サイトを活用しよう

キャリアセンターやハローワークへ行こう

　就活生から「中小企業はどのように研究すればいいのでしょうか?」と質問されることがよくあります。大企業ならば、その企業に関する新聞・雑誌記事が多いですし、『会社四季報』や『就職四季報』にも掲載されているので情報収集は容易です。しかし、未上場の中小企業となると会社名すら分からず、優良企業を探すのは大変です。

　それでは、どうやって中小企業情報を収集すればいいのでしょうか?

　まずは、**大学のキャリアセンターに行きましょう**。Point61 と 62 でも紹介しましたが、キャリアセンターはさまざまな企業情報を持っています。OB・OG が就職していれば、その OB・OG を通じて得た内輪の情報も持っているでしょう。ブラック企業かどうかも把握しているはずです。希望する業種や所在地などを職員に伝えて、自分に合った中小企業を紹介してもらいましょう。

　また、**ハローワークへ行くこともお勧めです**。Point63 と 64 で述べたように、最近はハローワークが新卒の就活を支援しています。ハローワークも多くの中小企業情報を持っています。

中小企業専門のサイトも

　全国の多くの商工会議所が、各地域の中小企業と就活生を結びつける就職サイトを運営しています。就職したいエリアが決まっているならば、その地域の商工会議所の HP をチェックしてみて下さい。また、中小企業の任意団体である中小企業家同友会が中小企業専門の求人サイト「**Jobway**」を運営しています。情報提供だけでなく、全国で合同企業説明会を開催して学生と中小企業の出会いの場を作っています。

　公益財団法人の東京しごと財団が運営する「**東京しごとセンター**」では、合同企業説明会や業界職種勉強会などのイベントを開催しています。その他、模擬面接や筆記試験対策などの講座やインターンシッププログラムも用意しています。就活生は情報検索やエントリーシート作成のために東京しごとセンターのパソコンを使用できますし、困ったことがあればアドバイザーに相談することもできます。

中小企業の情報収集にはこのサイトがお勧め

●東商ジョブサイト

● Jobway

●東京しごとセンター

🔖 **ポイント**

- ●中小企業研究のためにはキャリアセンターやハローワークへ行こう。
- ●各地の商工会議所や Jobway、東京しごとセンターを活用しよう。
- ●中小企業専門サイトも合同企業説明会を開催している。

田宮寛之（たみや　ひろゆき）

東洋経済新報社　記者・編集委員。
1963年生まれ。明治大学経営学部卒業後、ラジオたんぱ（現・ラジオNIKKEI）入社、東証記者クラブで株式、債券、為替などの金融マーケット取材を担当。1991年退社し米国ウィスコンシン州ワパン高等学校「Japanese class」の教員となる。

1993年東洋経済新報社入社。自動車、生保、損保、化学、食品、住宅、百貨店、スーパー、コンビニエンスストア、外食業界などを取材し『週刊東洋経済』『会社四季報』『就職四季報』などに執筆。

2002年「週刊東洋経済」編集部に配属され、マクロ経済からミクロ経済までの特集を担当。2007年『オール投資』編集長。2009年、就職・採用・人事などの情報を配信する「東洋経済HRオンライン」を立ち上げて編集長となる。『週刊東洋経済 就活臨時増刊号』編集長も務める。
2014年「就職四季報プラスワン」編集長を兼務。2016年から現職。

全国の大学で学生や教職員、保護者向けに授業や講演を行なっている。また、マイナビやリクナビ、ブンナビなどが主催する合同企業説明会でも「業界・企業研究法」の講師を務める。

著書
『2027 日本を変えるすごい会社　リニア開通—そして、その先へ』（自由国民社）
『東京五輪後でもぐんぐん伸びるニッポン企業』（「講談社＋α新書」
『無名でもすごい超優良企業』（講談社＋α新書）
『みんなが知らない超優良企業』（講談社＋α新書）
『転職したけりゃ四季報のここを読みなさい』（徳間書店）
『親子で勝つ就活』（東洋経済新報社）
『規制緩和で生まれるビジネスチャンス』（東洋経済新報社）
『生保・損保』（産学社 / 監修）

SNS情報のページ

■ 『四季報』で勝つ就活　Facebookページ

https://www.facebook.com/shikikatsu

> 「いいね！」を押して、本には載せきれなかった
> 就職情報をチェック！

就活に役立つ情報を著者が随時更新！
本書への質問があれば、ここに書き込んでください。
SNSを活用して、最新情報をチェック！

■ ツイッター

https://twitter.com/201605ht

就活のための「四季報」活用法

2021 年 11 月 10 日　第 1 刷発行

著　　者	田宮寛之	
発 行 者	前田俊秀	
発 行 所	株式会社 三修社	

〒 150-0001　東京都渋谷区神宮前 2-2-22

TEL03-3405-4511　FAX03-3405-4522

https://www.sanshusha.co.jp

振替 00190-9-72758

編集担当　浅川勝之

印刷・製本　日経印刷株式会社

カバーデザイン	山内宏一郎（SAIWAI DESIGN）
デ ザ イ ン	合原孝明
本 文 D T P	小林菜穂美

本書は、2013 年刊行の『「四季報」で勝つ就活』を改訂・改題したものです。